U0626107

小闲事

恋爱中的鲁迅

赵瑜 著

中国青年出版社

《两地书》部分手稿。

1912 年前后
鲁迅摄于东京。

925 年 5 月 28 日

俄文版《阿 Q 正传》出版摄于北京之一。

1927 年 1 月 2 日

摄于厦门南普陀之二。

1927 年 8 月 19 日

鲁迅（左二）、何春才（左四）、廖立峨（左一）、许广平（左三）。

1927 年 9 月 11 日

鲁迅与许广平、蒋径三合影于广州艳芳照相馆。

1927 年 10 月 4 日

摄于上海。前排左起：周建人、许广平、鲁迅；

后排左起：孙福熙、林语堂、孙伏园

1930 年 1 月 4 日

海婴百日全家照。摄于上海春阳照相馆。

1930 年 9 月 17 日
史沫特莱为鲁迅五十岁摄。

1930 年 9 月 25 日

　"海婴与鲁迅 一岁与五十"。摄于上海春阳照相馆。

1930 年 9 月 25 日

鲁迅五十岁生辰全家照，摄于上海春阳照相馆。

1931 年 4 月 20 日

鲁迅全家与冯雪峰全家合影于上海。

1931 年 7 月 31 日
鲁迅全家摄于福井写真馆。

1932 年 11 月 27 日
鲁迅在北师大演讲。

一九三三年 九月十三日

1933 年 9 月 13 日

鲁迅五十三岁时合家照。

目录

自序 / 宴之敖或者许霞

学者陈明远,在一册叫做《文化人的经济生活》的书中,详细地计算了鲁迅一生的收入:鲁迅的收入前期从 1912 年至 1926 年离开北京前,平均月收入折合今天人民币 9000 元;1926 年至 1927 年在厦门大学和广州中山大学期间的一年,平均月入为 1 万 4 千元;1927 年至 1936 年去世,十年上海期间平均月入 2 万元以上。那么,鲁迅一生的总收入,有文字记载的已经达到人民币 408 万元。

关于鲁迅的收入,陈明远虽然算得仔细,却忽略了鲁迅放弃的部分。1927 年 4 月,鲁迅因为营救被捕的学生未遂,又加上在厦门大学的顾颉刚要来中山大学任教,愤而辞职。从 1927 年 6 月至年底,鲁迅没有任何固定收入。

当时鲁迅在中山大学的月收入约合 2 万多人民币,然而鲁迅丝毫也没有在意,提出辞呈之后,不论是厦门大学还是中山大学都有过多次挽留,然而他决绝得很,从未被甜言蜜语所打动,更未被利益所驱动。

在中山大学或者厦门大学这样的名校做教授,其实并不是一件容易的事情,从鲁迅书信集里,便可以看到。譬如在厦门大学期间,鲁迅致章廷谦的一封信里,提到顾颉刚推荐他的朋友来代替孙伏园的工作。当时孙伏园去广州中山大学开会,尚未回来。顾颉刚便在厦门大学造谣说孙伏园不回来了。后来孙伏园还没有确定要离开厦门大学时,顾颉刚又让他的朋友先到了厦门大学,代替孙伏园在厦门的一个寺院里教授一些费用低廉的课时,以候孙伏园确定离开后取而代之。

中山大学的教席则更诱人一些,且不要说鲁迅进入中山大学以后将自己的老朋友许寿裳调了进来,就连在厦门大学的顾颉刚等人也设着法子想要调进来。然而,鲁迅根本不留恋这种学院派的生活。这一方面缘自鲁迅有丰厚且连绵不断的稿酬来维持一份体面的生活,另一方面则缘自他那份骨子里的真实与清高。

鲁迅不喜欢依靠职位或者别的什么修饰性的身份来炫耀自己,北大也好,中山大学也好,包括1929年或1932年回北京时,清华大学、北京大学的学生和一些旧同事,彼时已经是北大清华两校的领导的老友们纷纷邀请鲁迅留下来教课,他均不以为意。这些情节在《两地书》中皆有大量叙述。

关于鲁迅对学院派的鄙视,现任鲁迅博物馆馆长的孙郁在《周作人和他的苦雨斋》一书里时有闲话,譬如在《刘半农》一节里,孙郁这样写道:"周作人对其评价较高,对鲁迅的判断多有不满。《半农纪念》似乎是专为反驳鲁迅的那篇《忆刘半农君》而作,以为鲁夫子贬低辱骂了刘氏,不平之态,跃然纸上。其实在对待友人的时候,鲁迅偏于直,爽快而热情,但对缺点绝不忌讳。周作人则有点温吞,所谓睁一眼闭一眼是也。鲁迅之看人,以精神的纯而真为标准,对世俗中的雅态、地位、名士气不以为然。苦雨斋中的人,教授气过重,民间的苦痛自然感受不深。鲁迅憎恶刘半农后来的变化,虽然这是朋友式的憎恶,但根柢在思想境界上存在差异。1933年10月,刘半农在招生阅卷时,发现学生的错别字,便撰文大加嘲讽,教授气味浓浓。鲁迅在几篇文章提及了此事,以为过矣。鲁迅看人,与知堂不同,是非上毫不含糊,对刘半农'飘飘然生优越之感'殊有反感。"

我也不知道从哪里看到了鲁迅的此种气味,便开始细细地阅读鲁迅书信集。

一开始看的,便是《两地书》的1932年的版本,这是经过删节后的净本。朦胧中,除了鲁迅的幽默和时不时的孩子气,还有的,便是前面所说的真。鲁迅的"真"是一种难得的文人情怀,在诸多的利益或者十字路口面前,鲁迅不会因为利益而违背自己的良心。拒绝诺贝尔文学奖提名,离开厦门大学和中山大学等等事例便是明证。

这是一种独立的人格。当时的学者和作家比比皆是,能做到这一点的却非常之少,譬如他的弟弟周作人,便舍不得既有的利益,在日本攻陷北京的时候,他几乎没有表现出任何民族气节。

鲁迅的坦荡,不止是表现在利益上,甚至包括欲望上面。在认识许广平之前,他把自己的内心染成了黑色,他所有的文字都暗藏着失落、黯然神伤的无助甚至绝望。直到1925年3月11

日，他收到一封崇拜者的来信，才略有改变。他的改变自然缘自内心的复活。身上的毒气被一丝绿意传染，一点点往纯真的方向转变。但坦荡是依旧的，譬如鲁迅不会因为有一个年轻姑娘暧昧的暗示而假装正经、深沉、纯洁抑或是其他高洁的品格。他依然故我，只是偶尔被这个小姑娘信里的幼稚气逗笑，顺便浮她一大白，如是而已。

作为一个长在新中国的大学中文系的学生，我对鲁迅先生敬而远之，除了在中学写作文时抄袭过鲁迅先生的"不必说……不必说……也不必说……"和"一株是枣树，还有一株也是枣树"的句式，基本上，我极少消费他。

第一次对鲁迅先生的私生活感兴趣是看萧红写的那篇《回忆鲁迅先生》，我觉得那是我看过的最好一篇回忆文字，以至于多年以后，每一次翻到这篇文字都会赞叹不绝。再后来，我看到了鲁迅的一个笔名：宴之敖。这个笔名最早一次为大家所知，是许广平向萧红讲的，大致是拆字，"宴"字拆开来，是"家"字的头，日字和女字。"敖"字拆开，则为"出"字（变形了）和"放"字。这样，便可以顾名思义，"宴之敖"就是被一个日本女人从家里逐出来了。

国内鲁迅研究界有数百人甚至更多，他们日复一日地查阅资料，想知道周氏兄弟反目，是不是因为鲁迅调戏了周作人的老婆羽太信子。然而，这个问题其实鲁迅已经回答了，只用了三个字："宴之敖"。

　　若是单纯地看《两地书》，会发现有许多被处理过后的模糊的线索。譬如三一八惨案，譬如鲁迅的醉酒，譬如鲁迅在厦门大学的一些琐碎事。自然，要看一下鲁迅同一时间写给其他人的书信。还有，鲁迅同一时期的日记，当然，还要看一下同时期鲁迅创作的作品。这些都是对《两地书》的补充，但依然还不够，后来，我又看了一些回忆录。

　　关于鲁迅的文字大多不可信，因为鲁迅去世之后，大量的文字都失传了。因为文化大革命等政治因素，几乎所有的知识分子都忘记如何说真话了，建国之后的一些回忆录的可信度因此打了折扣。即使是说一些真话，也都像一个孩子藏压岁钱一般，分别藏在不同的段落里，让人读来云雾不已。

　　若是细心阅读鲁迅的作品，也会有很多发现。譬如同样是争吵时所写的文字，1925 年以后的文字，因为有了一个温暖的地址，而多了些温和的人间烟火气。譬如恋爱以后被高长虹辱骂时所写的文字，鲁迅一开始不知底细，并没有像以往一样，恼火地予以迎头痛击。这已经有些改换风格，他几乎是轻松地给许广平写信："长虹在《狂飙》第五期已尽力攻击，自称见过我不下百回，知道得很清楚，并捏造了许多会话（如说我骂郭沫若之类）。其意盖在推倒《莽原》，一方面则推广《狂飙》销路，其实还是利用，不过方法不同。他们专想利用我，我是知道的，但不料他看出活着他不能吸血了，就要杀了煮吃，有如此恶毒。我现在拟置之不理，看看他技俩发挥到如何。"（《两地书·七三》，人民文学出版社 1973 年版,180 页。作者注:《两地书》历来版本全都以此版本为准,未再有变化。)

在《两地书》的原信中,因为未想到以后会发表,所以,鲁迅写信从不客气,文字十分地不留情面,然而,对于正在上海奋力骂自己的高长虹,他并没有斤斤于他的小聪明,而是像一个识破了孩子阴谋的长者,微笑一下,说,先不管,看看再说。

这枚叫做高长虹的兄台,我认为,他是中国畅销书的一个早期制造者。当年,他眼看着李小峰在北京吃鲁迅的版税,虽然他也参与了《莽原》杂志的编辑,可是出版方毕竟是李小峰。而后,鲁迅到厦门大学,李小峰到上海。甚至还有闲钱泡女人。高长虹便有了铤而走险的冲动。他是一个聪明的男人,这样的男人最可怕的地方就是:如果有一天不能实现愿望,他便会不择手段。在五四前后,鲁迅在回答《新潮》的杂志提问时说过,刊登骂我的文章容易卖。十年后,高长虹在上海创办了《狂飙》周刊,为了刊物的发行量,他开始试着骂鲁迅。鲁迅并没有反应——或许是当时鲁迅身处厦门孤岛上,还没有看到消息,但刊物的发行量的确有大幅的提升。于是,他便一篇一篇地写下去了。

杜撰的情节自然有很多,他很快便尝到了把鲁迅存进银行的好处,他拿到源源不断的利息,这让他有些头脑发热,甚至以为文坛不过如此。骂人原来可以出名,而一旦出名,便可以有源源不断的钱财。然而,他的文字越来越苍白,虚构毕竟不能支撑一本杂志的生存。很快,那些有偷窥欲的读者们便看穿了高长虹的口袋,见他长时间掏不出鲁迅的隐私了,便转身而去,向更为低俗下流的小报而去。

然而,这所有现象的背后一直还隐藏着一个秘密:直到1926年底的时候,鲁迅才知道,高长虹骂他的原因是由于"月亮"的缘故,而报告这个内情给鲁迅的,是韦素园。

韦素园是鲁迅非常信赖的一个年轻人,此人性格稳重、内向,不善于处理人事关系,更不善于挑拨人际关系。所以,鲁迅对他的话非常信任。

关于高长虹,最近有不少学者试图为此人翻案。因为随着被神话的鲁迅渐渐被倾斜甚至被推翻,仿佛之前鲁迅骂过的人或者和鲁迅作对的人,都有了极高的身价。这一点显得极其荒唐,意识形态上的东西的确不可能维持太久,但鲁迅的文字成就无可比拟,鲁迅1936年去世,他成名于五四,并在和许广平恋爱时达到顶峰。

被神话的鲁迅其实同时也被遮蔽了。几乎所有60年代、70年代出生的人对于鲁迅的理解都仅限于他的那个木版画的形象:横眉冷对千夫指。念中学时,就连他的错别字,老师们也都牵强地解释为"通假字",这真真是一种绝妙的比喻,如果不是说明了这个时代对此人的偏爱,那么则一定证明了这个时代的疯狂。

是啊,那是一个文化相对封闭的时代,但我仍然以有幸遇到了鲁迅的作品为骄傲,不是周作人的文字,不是其他才华横誉的欧美学派学者的文字。而恰恰是这个周树人兄的文字。

他的文字里有一股子让人难以忘怀的"人"味,读多了鲁迅,自觉地,或者不自觉地,会鄙视那些矫饰的文字。

我是在鲁迅书信集里见识到鲁迅的幽默、趣味、幼稚、热爱生活、宽容、性情的,如果愿意,我还可以继续列举下去。但是,上面列举的这些鲁迅骨子里的优点,在《两地书》里,均可以找到。

我阅读的趣味是在近些年变化的,我越来越不喜欢读虚构的文字,尤其不喜欢那些累积词语的写作。书信中也通常排斥这些,一个人在书信里所表达都是即时的真性情,可以说,书信比日记更贴近写作者本人。

当我读到鲁迅写给内山完造的"有病不求医,无聊才读书"时,当我看到鲁迅在致章廷谦、孙伏园、韦素园、许寿裳等人的书信里大骂顾颉刚的恶毒及偏执时,当我在《两地书》里看到鲁迅向许广平发誓不看另外的女学生时,当我在萧红、郁达夫、钱玄同或者林语堂等人的回忆录里深情地忆念鲁迅的"大"或"小"时,我看到了活着的鲁迅,这个鲁迅一边谈恋爱,一边寂寞地在一个小岛上教书,有时候,还会在某个地方当当名人,实在是坦荡得很。

因为时局的原因,鲁迅在发表文章的时候,用了很多笔名,有些名字为人所知,譬如:唐俟,这个名字发表的文章很多,唐弢在一篇回忆文章里也写到过这一点;隋洛文,是因为浙江省政府通缉鲁迅,并冠之以堕落文人的称谓,于是乎,鲁迅便高兴地接受了;丰之瑜,也是因为有人写文章骂鲁迅为封建余孽;鲁迅本来也是笔名,皆因为此名字太有名了,而被鲁迅用得多一些;1928年,已经与许广平结婚的鲁迅曾经用"许霞"为笔名,许霞是许广平的小名,由此名,则可以窥出鲁迅对许广平的爱了,后来鲁迅又用许遐,也因为那声音。

在中国,鲁迅是一门显学。我曾经对友人说过,究我们一生,读鲁迅先生的作品,可以读无数遍,但若是读别人写鲁迅的文章,一辈子也读不完。然而,多数研究鲁迅的人,都是把鲁迅供在高处,给他的眉毛描粗一些,涂上愤怒与绝望的表情。

通常情况下,我们看到的鲁迅,并不是真的鲁迅,那不过是别人演绎的鲁迅,或者鲁迅的文学作品。然而,有一个真正的、生活的、可爱的,甚至是幽默而幼稚的鲁迅一直躲藏在他的书信集里,他的《两地书》里。

这一次,我试着打碎了鲁迅的神像,擦拭鲁迅脸上被刻意涂抹的严肃。我试着一点点还原鲁迅,把他放回1925年3月,他收到一个小鬼的第一封信,便于当天晚上回复的那一刻。

1926年9月,他携许广平同时离开北京赴上海,并在上海分开。1927年1月,他从厦门大学乘船至广州,终于可以牵许广平的手。

在这样一件用时间织就的毛线衣里,我看到了鲁迅被温暖的模样。如果我们认真地阅读《两地书》,我们会在两个人的情话里一件件脱下鲁迅的衣服,我们会发现,鲁迅不仅"吃草",他还"食用"月亮、孩子气和相思。

那天我打电话给一个恋爱中的朋友,告诉他,我发现一个特别会谈恋爱的人,推荐给你。他做梦也没有想到,我推荐的人不是徐志摩,不是沈从文,不是胡兰成,而是鲁迅。

我告诉他,不信,你去看《两地书》,要看两遍。

恋爱中的鲁迅,实在让人感觉欢喜。

之一　　分享隐秘和艰难

人世间，能与你分享幸福的不一定是爱人，能分享艰难的，一定是。

住处大风,把玻璃打碎了一块。但不久,又被迫搬到另外一个三楼上,楼上没有厕所,二楼有一个,大约,但被一户人家私有了,也不便去使用。公共厕所在遥远的地方,需要旅游很久,才能抵达。于是,每每在半夜的时候,跑到楼下,找一棵树,草草倾泻了事。后来,终于找了一个替代的办法,用一个瓷的罐子,半夜里尿急了,便滋进去,可以想象,那是一个需要技巧的事情,罐子的口小,若是准确度欠了,准会尿在地上。还好,这事情没有其他的人看到,他只写在信里,告诉许广平一个人。

这是 1926 年的秋天,鲁迅先生在两地书里写的情节,每一次看到这里,我都会被他逗乐。

然而,可乐的事情,才刚刚开始。听我往下说。

班里的学生女生只有五个,大约也有漂亮的,但先生每每不看她们,即使对方来问询一些人生啊苦闷啊的问题,他也只低着头应对。这也是在信里发了誓的。许广平回信时说,如此幼稚的信,幸好没有别人看到。两个人均料想不到,事情过了将八十年,被我看到,我看得哈哈大笑。

感情从来和年代没有任何关系的。除了关心彼此的身体,也要把生活的四周告知对方,先生说起身边事情时,总是不露声色的幽默,譬如厦门大学的展览会。大约是为了活跃学校死气沉沉的气氛吧,学校突然决定搞一个文物展览,听说鲁迅的柜子里放了几只古老的拓片,便硬是拉他出来陈列,没有办法,鲁迅只好去了。到了现场才发现,并没有人帮忙。孙伏园给先生搬来一张桌子，先生便将两张拓片展开，压在桌子上，另外的几张呢，先生用手展开了一下，结果，惹得众人观望。那组织者便要求先生站到桌子上去，好举得高一些，让更多的人看到。再后来呢，因为摆放的其他东西需要桌子，连同先生的那一张桌子也被没收了，鲁迅只好一个人站在那里以手展开那一张拓片。如此陈列一个著名的作家，实在是好笑得很。

果然，许广平在信里笑话鲁迅，做这种傻事情，让风吹着，如同雕塑，滑天下之大稽也。可是鲁迅在接下来的信里，说，我只是说了一半，滑稽的事情多着呢，比我尴尬的站立更让人笑话的是，展览会上展览的很多东西都是假的。

寂寞总让人没有主意，在一封信里。鲁迅赞美许广平成熟了，而他在那样一个荒芜的岛屿上，盛开的全是寂寞。于是，除了到邮局等许广平的信，便是在宿舍里发明吃的东西。但他实在不大行，便也将失败的体验告知对方。

能分享尴尬的人，一定是亲密的。果然，两个人从北京开始种下的芽苗，在厦门时已经生长得苗壮了。忙碌中，许广平给鲁迅织了一件毛背心，鲁迅穿在身上写信，说暖暖的，冬天的棉衣可省了。①

《两地书》，是一本关于爱恋的书，里面没有任何矫情的文字，但它的确充满了爱。因为，这本书里，到处都是关于内心隐

---

① 《两地书·八五》，人民文学出版社1973年版，207页。

秘和艰难的分享。人世间,能与你分享幸福的不一定是爱人,能分享艰难的,一定是。我喜欢那件 1926 年秋天的背心,它把一个叫鲁迅的男人拴住。

爱情,不过是一件毛背心的温暖。

对于社会的战斗，我是并不挺身而出的，我不劝别人牺牲什么之类者就为此。欧战的时候，最重「壕堑战」，战士伏在壕中，有时吸烟，也唱歌，打纸牌，喝酒，也在壕内开美术展览会，但有时忽向敌人开他几枪。中国多暗箭，挺身而出的勇士容易丧命，这种战法是必要的罢。

一个小学生谨慎地问询:烟雾弥漫的理想啊,灰尘覆盖的前程啊,黑夜吞食的寂寞和无助啊,坎坷的道路啊,暗淡的人生啊,真让人苦闷,这苦闷比爱人还来得亲密,先生,可有什么法子能在苦药中加点糖分?

这是许广平的第一封信,写于 1925 年 3 月 11 日。当时,许广平和许羡苏交情颇好,而许羡苏经常出入鲁迅所住的西三条胡同。偶尔会给许广平带来一些秘密的消息。惹得许广平极为嫉妒,不知是出于什么原因。她写了这样一封信,信里面的措词极为柔软,撒娇还伴随着捂着嘴笑的羞涩,明智者若鲁迅先生,一看便知,这是一个暗地里欢喜自己的人。

心理医生于鲁迅,倒还是一个具有挑战性的工作。之前没有做过,之后,也很少做。但他还是硬着头皮做了起来。安慰别人,最好的办法是丑化自己,自己越是窘迫,越显得对方所遇的困难巨大,对方的不安是正常的反应。就这样,以铺垫的方式,鲁迅开始了幽默的话语自嘲。

他的回复大意是,人生的长路,最大的两个困难,一是歧途,一是穷途。若是到岔路口,遇到让人迷茫的歧途,他是不会学习墨子兄,大声哭着回家的。他的做法独特:"但我不哭也不返,先在歧路头坐下,歇一会,或者睡一觉,于是选一条似乎可走的路再走,倘遇见老实人,也许夺他食物来充饥,但是不问路,因为我料定他并不知道的。若是遇见老虎,我就爬上树去,等它饿得走去了再下来,倘它不走,我就自己饿死在树上,而且先得用带子缚住,连死尸也决不给它吃。但倘若没有树呢?那么,没有法子,只好请它吃了,但也不妨也咬它一口。"①

这真不是一个好的心理医生,最终的结局,还是没有法子。

在此之前,他的学生,京报副刊的编辑孙伏园,曾经就"关于爱情的定则"一题求助于他,请他参加讨论。他的答复也是如此,不过是爬上一棵树,看看老虎走不走的态度。每一次看到他给许广平的第一封复信,我都由衷地为先生"不装导师"的精神感动。要知道,在1925年,《呐喊》一书风行,他已经是万人崇拜的偶像,不独有他的学生。在郁达夫的笔下,就连北京大学的部分知名的教授,也都是他的崇拜者。郁达夫《回忆鲁迅》中写道:"那个时候,我住在阜城门内巡捕厅胡同的老宅里。时常往来的,是住在东城禄米仓的张凤举、徐耀辰两位,以及沈尹默、沈兼士、沈士远三昆仲;不时也常和周作人氏、钱玄同氏、胡适之氏、马幼渔氏等相遇,或在北大的休息室里,或在公共宴会的席上。这些同事们,都是鲁迅的崇拜者,而对于鲁迅的古怪脾气,都当作一件似乎是历史上的轶事在谈论。"这个时候,他清醒得很。

他的清醒,也部分来自当时一些人对他的批评。他对现实的不满坦露于文字,让很多人惊慌,认为他毒性颇大,过于放大黑暗。这一点,在1924年致李秉中的信里表达得非常充分。李秉中是何许人?是一个年轻的学生,大约受了鲁迅文字的影响,

---

① 《两地书·二》,人民文学出版社1973年版,12页。

便和许广平一样,写信向鲁迅先生问计,大约也是黑暗和迷茫该如何度过之类的话题。好在他的文字里没有许广平那股小女人撒娇的气息,让先生看到了年轻时的自己,所以,在复信里,鲁迅这样写道:"我自己总觉得我的灵魂里有毒气和鬼,我极憎恶他,想除去他,而不能。我虽然竭力遮蔽着,总还恐怕传染给别人,我之所以对于和我往来较多的人有时不免觉得悲哀者,以此。然而这些话并非要拒绝你来访问我,不过忽然想到这里,写到这里,随便说说而已,你如果觉得并不如此,或者虽如此而甘心传染,或不怕传染,或自信不至于被传染,那可以只管来,而且敲门也不必如此小心。"①

李秉中向鲁迅先生借钱,二十元,鲁迅说,如果还需要的话,下周我还可以再帮你弄一些。那时,两个人只通了一封信。为了帮助李秉中,鲁迅一而再,再而三地给胡适写信,催促胡适帮李秉中看看稿子,并在信里反复说明,该学生很穷,等着书稿换钱。

物质上的帮助,并没有解决李秉中心里的苦闷,不久,李秉中便南下参军,后来又留学到日本。许广平正是在这个时候,挂号请求鲁迅给她开处方治疗内疾的。

已经满身毒气的鲁迅正在和现代派的陈西滢笔战,那个年代的文人关系复杂。陈西滢与林语堂、徐志摩、丁西林等人同在

---

① 《鲁迅书信集·上》,人民文学出版社1976年版,61页。

胡适任主任的北大英文系教书,而鲁迅也在北大国文系代课。好玩的是,林语堂虽然是陈西滢的同事,却又是《语丝》的编辑。《语丝》自然是鲁迅、周作人、林语堂等人的阵地。胡适与陈西滢等人被称为"现代派"或者"新月派",也和他们的杂志有关。

所以,当许广平小心翼翼地求诊于鲁迅,关于苦闷的人生如何能品出甜味时,鲁迅的答复妙趣横生:"对于社会的战斗,我是并不挺身而出的,我不劝别人牺牲什么之类者就为此。欧战的时候,最重'壕堑战',战士伏在壕中,有时吸烟,也唱歌,打纸牌,喝酒,也在壕内开美术展览会,但有时忽向敌人开他几枪。中国多暗箭,挺身而出的勇士容易丧命,这种战法是必要的罢。"①

躲藏。藏一个地壕里。可以抽烟,打纸牌,甚而开美术展览会。总结了一下,鲁迅的药方是:我自己对于苦闷的办法,是专与袭来的苦痛捣乱,将无赖手段当作胜利,硬唱凯歌,算是乐趣,这或者就是糖吧。但临末也还是归结到"没有法子",这真是没有法子。

好在许广平并没有像那只饥饿的老虎一样,在那棵树下耐心等着。所以,鲁迅先生很快就从树上下来了。属于他们热烈而暧昧的1925年即将来临。

一个蹩脚的心理医生,治不好病人,却可以将病人引到爱情的道路上来,忘记那苦闷的病痛,这大概是人世间最好药方了吧。

---

① 《两地书·二》,人民文学出版社1973年版,12页。

之三　车后马前的暗恋

我不自量度，才浅力薄，不足与言大事，但愿作一誓死不二的「马前卒」，小喽罗虽然并无大用，但也不妨令他摇几下旗子，而建设与努力，则是学生所十分仰望于先生的。不知先生能鉴谅她么？

1925 年 3 月 25 日晚上，北平女子师范大学哲学系排演了一部名为《罗密欧与朱丽叶》的话剧。鲁迅很早就去了，坐在前排。许广平坐在后排，看到了他，第二天她在信里写道："……先去也好，其实演得确不高明，排演者常不一律出席，有的只练习过一二次，有的或多些，但是批评者对于剧本简直没有预先的研究——临时也未十分了解——同学们也不见有多大研究，对于剧情，当时的风俗，习尚，衣饰……等，一概是门外汉。更加演员多从各班邀请充数，共同练习的时间更多牵掣，所以终归失败，实是预料所及。"[①]

之所以这样评价这次演出，是因为许广平在他们这次演出中前前后后地出了不少力，见证了那些错乱又昏沉的现场，所以才在信里如此居高临下地评价，这些评价像出自一个任性的孩子之手，在《两地书》的开始，许广平的笔墨多是如此的，既小心翼翼，又奔放大胆。她和鲁迅的交往，用她 1926 年初冬给鲁迅编织的那件毛背心就可以比喻了，即要小心翼翼地穿针引线，又要大胆奔放地设计有关爱情的图案。她的书信，也是这样的，有毛背心的温度，每每使孤单又寂寞的鲁迅内心暖热。

在这封信里，许广平如数列出自己的成长故事，哥哥是一个进步的革命人士，在她小学未毕业的时候就离家到南京寻找自己的革命理想去了。及至她略能识字，哥哥又被进步的报刊吸

---

① 《两地书·七》，人民文学出版社 1973 年版，22 页。

引,小小年纪便领着妹妹游走于街巷,甚至于路远的郊外,问寻进步书籍,每每失望而归。当时的她,喜欢看武侠小说,做梦时常梦到自己是江湖女侠,锄强扶弱,十分了得。然而,终究浑浑然地长大了,了解了诸多社会内幕,有不平却无出力之所。所以,这个时候,她话锋一转,便写道:"我不自量度,才浅力薄,不足与言大事,但愿作一誓死不二的'马前卒',小喽罗虽然并无大用,但也不妨令他摇几下旗子,而建设与努力,则是学生所十分仰望于先生的。不知先生能鉴谅她么?承先生每封都给我回信,于'小鬼'实在是好像在过盂兰节,食饱袋足,得未曾有了。"①

盂兰节,流传到民间,就是在每年七月十五的这一天,往贫穷和流浪的人手里派发食物。许广平从鲁迅先生那里获得的,无疑多是精神上的食物。接到许广平的这封信以后,鲁迅答应了许广平要帮忙的要求,在信里,鲁迅这样写道:"希望我做一些什么事的人,也颇有几个了,但我自己知道,是不行的。凡做领导的人,一须勇猛,而我看事情太仔细,一仔细,即多疑虑,不易勇往直前,二须不惜用牺牲,而我最不愿使别人做牺牲(这其实还是革命以前的种种事情的刺激的结果),也就不能有大局面。所以,其结果,终于不外乎用空论来发牢骚,印一通书籍杂志。你如果也要发牢骚,请来帮我们,倘曰'马前卒',则吾岂敢,因为

---

① 《两地书·七》,人民文学出版社1973年版,24—25页。

我实无马,坐在人力车上,已经是阔气的时候了。"①

鲁迅的幽默在这一段里尽情绽放。

得了老师的默允之后,许广平觉得生活里有了一丝光亮,时间正值四月初,迎春花的黄已经灿烂了,绿色也已经有模有样了,心事被这些明媚的东西照耀着,自然暖洋洋的。在接着的信中,她介绍她的生活:"我每日自上午至下午三四时上课,一下课便跑到哈德门之东去作'人之患',直至晚九时返校,再在小饭厅息,至午夜始睡……现在先生既不马而车,那么我就做那十二三岁的小孩子跟在车后推着走,尽我一点小气力罢。"②

如是,有了车后马前的交谊,自然感情发展得很快,查《两地书》可知,只隔了十天,1925 年 4 月 16 日许广平致鲁迅先生的信,开头第一句便是:"尊府"居然探检过了!

是的,这大约是许广平第一次进入西三条胡同,查《鲁迅日记》1925 年 4 月 12 日的记录可知,许广平是拉着同学林卓凤一起去的。那天鲁迅的日记里记着:"下午小峰、衣萍来,许广平、林卓凤来。"那是普通的北京四合院:三间正大屋坐北朝南,客厅居于正中,是全家的吃饭、洗脸兼会客的地方,而三间正房的后面向北延伸,有搭建的一个平顶的棚子,深灰色,这就是被称为老虎尾巴的鲁迅的书房兼卧室。有一个箱子很高,墙上贴着司徒乔的素描炭画《五个警察和一个孕妇》。床头写字桌上面的墙上挂着两个外国人的照片，放大了的，显得很奇怪。她们到的时候，李小峰和章衣萍正在和鲁迅聊《语丝》周刊的事情，见到有女生来拜访，便识时务地辞了去。

收回到《两地书》中，在 4 月 16 日晚上的这封信里，许广平是这样描述她的"鲁府印象"的："归来后的印象，是觉得熄灭了通红的灯光，坐在那间一面满镶玻璃的室中时，是时而听雨声的淅沥，时而窥月光的清幽，当枣树发叶结实的时候，则领略它微风振枝，熟果坠地，还有鸡声喔喔，四时不绝。晨夕之间，时或负手在这小天地中徘徊俯仰，盖必大有一种趣味，其味如何，乃一一从缕缕的烟草烟中曲折的传入无穷的空际，升腾，分散……。"①

尽管许广平在文后谦虚说自己不善描写，但文采已经尽露，表演完毕，这样贴近鲁迅寂寞的文字，自然会打动鲁迅。而正是这几天，鲁迅正在参与创办一个新的周刊，名字叫做《莽原》，许广平自然想去帮忙，想进步，不想做"人之患"。再岔开话题，解释一下这"人之患"，许广平这一点也是和鲁迅先生学的，常常以某种典故代替所表达的意思，孟子曰，人之患好为人师。所以，许广平的做人之患就是去做家庭教师。

若是到鲁迅这里帮忙，自然会有更多的接触机会，但是，许

---

① 《两地书·一三》，人民文学出版社 1973 年版，41—42 页。

广平的年纪轻,才华也不错,说不定,这一份隐约成长起来的暧昧花朵,会被另外的年轻人看中,浇些水,便掳了去。大约如此,鲁迅先生,并没有答应许广平的请求。

秘密的信件还在继续,但称呼已经变了,许广平名字的前面出现了"小鬼"二字,这正应了鲁迅先生之前在信里给她解释"兄"这个称呼,那么,加了小鬼的许广平,是不是说明,她已经站在了鲁迅的马前车后了呢。

我想,这是一定的。

之四　你这一匹害群之马

小鬼许广平，终于有了第二个称谓——『害群之马』，以后的许多信里，甚至包括二人结婚以后，鲁迅给母亲鲁瑞的信中，对许广平的称呼一直以此名字的缩写ＨＭ来代替『害马』。

1925 年 4 月 22 日夜,鲁迅复许广平一封长信。开头便介绍了《莽原》杂志是如何开始的:"几天以来,真所谓忙得不堪,除些琐事以外,就是那可笑的《莽原》周刊。这一件事,本来还不过一种计划,不料有一个学生对邵飘萍一说,他就登出广告来,并且写得那么夸大可笑。第二天我就拟了一个别的广告,硬令登载,又不许改动,不料他却又加上了几句无聊的按语。做事情遇着隔膜者,真是连小事情也碰头。至于我这一面,则除百来行稿子以外,什么也没有,但既然受了广告的鞭子的强迫,也不能不跑了,于是催人去做,自己也做,直到此刻,这才勉强凑成,而今天就是交稿的日子。统看全稿,实在不见得高明,你不要那么热望,过于热望,要更失望的。"①

《莽原》取名的方式也和《语丝》取名的方式相同,《语丝》的名字是如何来的呢,据林语堂的一篇回忆文章说,是周作人和钱玄同翻字典,随便翻出一页来,看到的第一个字,组合到一起,便是刊名。不知道"莽原"是否也有如此传奇的出身。但鲁迅的解释是好玩的:近于旷野。旷野有很多种意象可以联想:荒芜、开阔、寂寞、灿烂,是矛盾又复杂的混合体。更有趣的是,第一期的《莽原》杂志的封面上,"莽原"二字是一个八岁的孩子写的,那稚拙的字仿佛一个新生的芽苗,实在是大有前景。

第一期《莽原》里出现的作者,除了鲁迅,还有高长虹和向培

---

① 《两地书·一五》,人民文学出版社 1973 年版,45 页。

良,这两个人均受鲁迅的影响,风格很是接近。然而,许广平一眼就看出署名"冥昭"的作品是鲁迅先生的。高长虹的《棉袍里的世界》也有些先生的作风在内。这判断是对的,正是由于这一篇文章,许广平对高长虹有了些好感,甚至,在后来的交往中,还给高长虹写过信,购买过高长虹的第一本诗集。总之,许广平这一次表达的好感,成了后来高长虹跑到上海辱骂鲁迅的导火线。

第二期的《莽原》杂志,许广平投寄了一稿,但没有署名,所以鲁迅先生在复信中写道:"来信收到了。今天又收到一封文稿,拜读过了,后三段是好的,首一段累赘一点,所以看纸面如何,也许将这一段删去。但第二期上已经来不及登,因为不知'小鬼'何意,竟不署作者名字。所以,请你捏造一个,并且通知我,并且必须于下星期三上午以前通知,并且回信中不准说'请先生随便写上一个可也'之类的油滑话。"①

读到此处,亲昵感丛生,二人的师生关系已经有了更多的暧昧气息。

如果说《莽原》杂志的创办给鲁迅与许广平在教室以外提供了一个心灵上交换眼神的阵地的话,那么,女师大事件则为两人提供了一个接近的机会。

1925 年 5 月 7 日,女师大校长杨荫榆在学校里布置了一个讲演会,请校外所谓名人来演讲以壮她个人的声势。然而,当她

---

① 《两地书·一七》,人民文学出版社 1973 年版,52 页。

主持会议时，学生们在台下集体反对，让她下台。两天后，她以"女师大评议会"的名义，开除了学生自治会的六名成员，六个人分别是：蒲振声、张平江、郑德音、刘和珍、许广平、姜伯谛。公告出来的当天，许广平在宿舍里看刚刚出版的第三期《莽原》杂志，她自己的笔名和她当时的心情非常接近。她的笔名是"非心"，而这两个字组合在一起，便是个"悲"字。

那天晚上，她执笔给鲁迅写信，最后一句，这样写道："给我喝一杯冰结凌罢。"①

到底是关切到"许广平"这样一个熟识的人的命运，鲁迅纠集了周作人、马幼渔、沈尹默、李泰棻、钱玄同、沈兼士等"语丝派"同仁，在 1925 年 5 月 27 日的《京报》上发表了《对于北京女子师范大学风潮宣言》，这份宣言是鲁迅手拟而后大家签名的。

许广平看到报纸以后，当天晚上非常感动，给鲁迅写了长长的一封信，补充说明了她的过往。因为鲁迅起草的宣言而"红红地燃烧起来的"许广平，还在信里对鲁迅说了两则关于爱惜身体的做法：1、戒多饮酒；2、请少吸烟。②

至此，两个人交流的内容除了空泛的理想和精神，终于落了地，终于成了饮食男女，开始关心对方的身体及健康，开始担心对方的咳嗽及其他疾病。

---

① 《两地书·二十》，人民文学出版社 1973 年版，62 页。

② 《两地书·二三》，人民文学出版社 1973 年版，66 页。

是年 5 月 30 日,鲁迅回信,此时他已经在和现代评论派的陈西滢笔战了。这一天的《现代评论》上,陈西滢发表《闲话》一文,暗指此次的风波乃是某籍教授暗中鼓动,而且这位某籍教授前有一个好听的定语:"在北京教育界占最大势力的"。这一下矛头指向了鲁迅,那么,只好开战。

鲁迅在信的末尾一句说道:"待'闹潮'略有结束,你这一匹'害群之马',多来发一点议论罢。"

小鬼许广平,终于有了第二个称谓——"害群之马",以后的许多信里,甚至包括二人结婚以后,鲁迅给母亲鲁瑞的信中,对许广平的称呼一直以此名字的缩写 HM 来代替"害马"。

暗夜的 1925 年,两个年纪相差近二十岁的异性,因着这样一起风潮,慢慢地伸出了手,就差几封信的距离,两个人的手就要握在一起了。

之五　西瓜皮

吃完了西瓜，必然就要扔掉西瓜皮，但，亲爱的鲁迅先生，你若真是扔掉了这块「西瓜皮」，我一定会绊倒你，这是毫无疑问的。

第一次给鲁迅投稿时,许广平的稿子上未署名。

鲁迅收到信以后,当即复信曰:"广平兄,来信收到了。今天又收到一封文稿,拜读过了,后来三段是好的,前一段累赘一点,所以看纸面如何,也许将这一段删去。但第二期上已经来不及登,因为不知'小鬼'何意,竟不署作者名字。所以请你捏造一个,并且通知我,并且必须于星期三上午以前通知,并且回信中不准说'请先生随便写上一个可也'之类的油滑话。"①

鲁迅的三个"并且"很是率真,露出贪玩的本性。果真,这三个并且很快惹得许广平也顽皮起来,在两天后的 4 月 30 日的回信里,许广平写道:"鲁迅师,因为忙中未及在投稿上写一个'捏造'的名字,就引出三个'并且',而且在末个'并且'中还添上'不准',这真算应着'师严然后道尊'那句话了。"②

两个人的感情通常在信的开始和结尾纠缠,一个自称小鬼,嬉笑且摆出怒放的姿势,一个自称师长,深沉且玩弄幽默的词句。这是《两地书》之所以在当时风行的原因。

一篇稿子的署名,也可以成为双方内心沟通的桥梁。许广平向鲁迅罗列自己曾用的笔名,先有"非心",但非心这个名字并未遂心愿,在投寄到孙伏园那里后,被孙伏园改成了"维心"。后来还用过"归真"、"寒潭"、"君平"等,这一次给鲁迅投的一篇小

---

① 《两地书·一七》,人民文学出版社 1973 年版,52 页。
② 《两地书·一八》,人民文学出版社 1973 年版,55 页。

杂感,到底是署上许广平,还是"西瓜皮"呢?"西瓜皮"是她们宿舍里的同学们相互昵称的诨名,这名字光滑得很,甚至还有一些讽刺。最后,许广平干脆列出"小鬼"一名,说"小鬼"与"西瓜皮",是我现在最喜欢的两个名字,鱼与熊掌,不知如何取舍也,"请先生随便也上一个可也"。

两个人在倒茶喝水之间,在嘘寒问暖之间,在鸡毛蒜皮之间,在西瓜皮和捣乱小鬼之间,就开始了"眉来眼去",脉脉含情。

鲁迅在回信里这样评价了许广平的假名字:"话题一转,而论'小鬼'之假名问题。那两个'鱼与熊掌',虽并为足下所喜,但我以为用于论文,却不相宜,因为以真名招一种无聊的麻烦,固然不值得,但若假名太近于滑稽,则足以减少论文的重量,所以也不很好。你这许多名字中,既然'非心'总算还未用过,我就以'编辑'兼'先生'之威权,给你写上这一个罢。假如于心不甘,赶紧发信抗议,还来得及,但如到星期二夜为止并无痛哭流涕之抗议,即以默认论,虽驷马也难于追回了。"[①]

果然,西瓜皮未获通过,却使得鲁迅先生在读到此信时欣欣然有快意也。从他回信的那字里行间可见其笑容,"如到星期二夜为止并无痛哭流涕之抗议",这一句,已经在文字里伸出了手指,我看到试图替广平兄拭泪的鲁迅先生得意的笑容。

此信之前,鲁迅被北大所办的《猛进》杂志赞美,原文是这样

---

① 《两地书·一九》,人民文学出版社 1973 年版,58 页。

的："鲁迅的嘴真该割去舌头,因为他爱张起嘴乱说,把我们国民的丑德都暴露出来了。"这话的确是赞美,作者借此反话来讽刺国民的愚笨和不自知。

鲁迅是如何应对许广平的关心的呢,他回答像西瓜皮一样的滑稽:"割舌之罪,早在我的意中,然而倒不以为意。近来整天的和人谈话,颇觉得有点苦了,割去舌头,则一者免得教书,二者免得陪客,三者免得做官,四者免得讲应酬话,五者免得演说,从此可以专心做报章文字,岂不舒服。所以你们应该趁我还未割去舌头之前,听完《苦闷的象征》,前回的不肯听讲而逼上午门,也应该记大过若干次。"许广平和同学们逃课,去抵制校长杨荫榆了,鲁迅担心,这个西瓜皮会被自己的"冲动"滑倒。记大过,则意味着旧私塾先生的打手尺之类,这种比喻,让许广平感到某种私有的亲昵。

是啊,告诉自己的老师,我的诨号叫做西瓜皮,这是不是一种调皮的暗喻呢,吃完了西瓜,必然就要扔掉西瓜皮,但,亲爱的鲁迅先生,你若真是扔掉了这块"西瓜皮",我一定会绊倒你,这是毫无疑问的。这句话,是我替许广平说的。

之六　五月八日的信

鲁迅与周作人等七人联名写了一个宣言，声讨女师大校长杨荫榆，甚至还引出了和陈西滢、徐志摩、李四光等人的笔战，也都与许广平的五月七日被开除事件有关。

　　林语堂说，周氏兄弟，周作人氏是凉的，而鲁迅是热的。[1]
可是，要我说，《两地书》中，鲁迅是凉的，许广平是热的。《两地
书》之北京通信中，许广平几乎是以每两天一封的速度燃烧着鲁
迅，一个小姑娘，用小心翼翼的崇拜和直入活泼的性情，硬是将
面孔暗淡的鲁迅先生点燃了，僵硬被青春的气息覆盖，暮气被调
皮的问话洗净，鲁迅变得柔和又幽默了。

　　鲁迅对于年轻人，总有数不清的同情要派发，轮到许广平，
则又多了亲昵和隐秘。

　　从 1925 年 3 月 11 日收到许广平第一封信开始，鲁迅几乎
是每信必复。到了 5 月 8 日这天，两个人已经写下二十余封信。
可是，《两地书》中鲁迅致许广平的信却是缺失的。第一次读《两
地书》时，我就想，大约是上世纪三十年代编书的时候，鲁迅故意
拿掉了几封信。故意拿掉，则一定暗示着，这信里有羞于让大家
知道的亲昵话。

　　可是，整体看《两地书》的时间，1925 年 5 月 8 日，两人刚刚
开始通信不久，连暧昧的气息都尚未释放出来，两个人正处于一
场武林大会的决战状态，都紧绷着神经，仿佛稍一松弛就会败下
阵来。这个时候，两人的关系仍然隔着一层模糊的纸，需要一杯
无意中湿了对方衣服的水来拉近两人。看来，过于暧昧的话话

---

　　[1]　林语堂《记周氏兄弟》，《永在的温情：文化名人忆鲁迅》，河北教育出版社
2000 年版。

不大可能有,但一定是有亲昵而让鲁迅自己觉得不好意思的暗喻,才在第一次编辑《两地书》时,故意藏下了。

而正在这紧要的时候,许广平因不满校长杨荫榆的种种举措,在集会时带头闹事而被学校处分,校方要开除刘和珍和许广平等六人。

正因为此,一向勤于向鲁迅诉说苦闷并千方百计设计刁难问题的许广平沉默了几天,我查了一下,许广平5月3日收到信件,又于5月8日收到第二封信和新出版的有她自己作品的《莽原》杂志,但她知道5月9日夜方才回复。时间将近一周,这是许广平心里最暗淡的时候。迟迟收不到回信的鲁迅,不得不于5月8日写了一封信件,大约是凭着猜测对许广平进行一番劝导或者安慰。

许广平为什么没有回信,在回信的第一句便可知了:"收到五三,五八和第三期《莽原》,现在才作复,然而这几日中,已发生了多少大大小小的事,在寂闷的空气中,添一点火花的声响。"①

大大小小的事情,自然是指北京大学生到章士钊的住宅前示威,以及同一天,以许广平和刘和珍等六人为首的北平女子师范大学学生自治会成员在杨荫榆的演讲会公然让她下台事件。5月7日下午,学校便贴出告示,开除蒲振声、张平江、郑德音、刘和珍、许广平、姜伯谛六人。

---

① 《两地书·二〇》,人民文学出版社1973年版,60页。

5月8日的鲁迅日记里写道:"往女师大讲并取工资。"那么,鲁迅一定看到了昨天已经贴在墙上的告示,当天便给许广平写了一封信。这应该是一贴对于疼痛部位进行推拿按摩的信件。这封信想必起了它应有的作用,正在情绪低落不知所措的许广平看到5月8日鲁迅的信件以后,洋洋洒洒写了一封回信,长达千余字,并且在信里援引鲁迅的句子:"因征稿而'感激涕零',更加上'不胜……之至',哈哈,原来老爷们的涕泗滂沱较小姐们的'潸然泪下'更甚万倍的。既承认'即有此泪,也就是不进化','……哭……则一切无用'了,为什么又要'涕零'呢?难道'涕零'是伤风之一种,与'泪'、'哭'无关的吗?"①

"哈哈"这样的语气词已经说明了鲁迅用词的精准,他用自己信件里的句子作为绳子,将情绪陷阱里的许广平救起。

查鲁迅的日记,1925年5月8日,没有任何关于给许广平的书信的记载。大约也是故意忽略不记的。这封写于5月8日的书信于是成了一个谜语。我觉得,那封信里一定有丑化自己的笑话,用于逗弄许广平,以至于许广平在回信里百般地引用"眼泪"和"哭泣"等柔软的词句。

过了几天,即5月27日,鲁迅与周作人等七人联名写了一个宣言,声讨女师大校长杨荫榆,甚至还引出了和陈西滢、徐志摩、李四光等人的笔战,也都与许广平的5月7日被开除事件有

① 《两地书·二○》,人民文学出版社1973年版,62页。

关。《两地书》北京通信中,自此信开始,亲密度增加,甜蜜的词语也增加了。然而,5 月 8 日的信件,始终是个谜。

之七　寂寞燃烧

鲁迅与周作人等七人联名写了一个宣言，声讨女师大校长杨荫榆，甚至还引出了和陈西滢、徐志摩、李四光等人的笔战，也都与许广平的五月七日被开除事件有关。

带头闹了事，获得暂时的掌声，然而，事后，那些在台下鼓掌的人，各自吃饭劳作或者恋爱去了。若再发动他们，就缺少激情了。沉默了大约十天的时间，许广平于 1925 年 5 月 17 日给鲁迅写了一封短信，开头第一句话就是"满腹的怀疑，早已无从诉起"。信里所要表达的主题，大致是失落和孤独，有一句话是这样的："这一回给我的教训，就是群众之不足恃，聪明人之太多，而公理之终不敌强权。"①

这一回，当然是指许广平等六人带头闹事，抵制杨荫榆的事件，杨荫榆其实人还是不坏的，据载，她是抗日分子，1938 年因为抗日而死，可谓民族英雄也。但在 1925 年，却的确是北洋政府的帮凶。为了能让学校在国耻日这一天安静些，杨荫榆也想了好多办法，其他学校都跑到教育部长章士钊家门口了，女子师范大学却关了大门，杨荫榆请了不少社会知名人士到女师大讲演。

国耻日这一天，学生们都酝酿了好多爱国的情绪，找不到合适的发泄出口，便闹将起来。杨荫榆正好借着这件事，开除了带头的几个学生。

许广平在被公布开除之后，马上就感觉到了群众的麻木不仁，因为，她不但丝毫没有获得英雄的感觉。而且窥探出众多同学的冷眼看烟花的寒冷。果然，同学们开始疏远她，连同一个宿

① 《两地书·二一》，人民文学出版社 1973 年版，63 页。

舍里的女生们都结群避开她。过了几天,5月27日,早上第一节课是沈兼士的形义学课,照例是点名的,沈兼士却没有点许广平的名字,许广平下课的时候才发现,点名册上自己的名字被墨水涂掉了。

有几个关系较好的同学看到了,安慰她,但也有个别的同学暗暗嘲笑她,好出风头,总要付出代价的。

许广平的感伤可想而知,好在中午的时候,在《京报》上看到了鲁迅起草的《对于北京女子师范大学风潮宣言》,签名的人达七人,除了鲁迅和周作人之外,还有马幼渔、沈尹默、沈兼士、李泰棻、钱玄同。这是多么温暖的一个火把啊,正在孤单路途上跋涉的许广平被这个火把照亮,甚至感到温暖。

她在5月27日晚给鲁迅的信里写道:"不少杨党的小姐,见之似乎十分惬意(指点名册上许广平的名字被涂掉一事)。三年间的同学感情,是可以一笔勾销的,翻脸便不相识,何堪提起!有值周生二人往诘薛,薛答以奉校长办公室交来条子。办公室久已封锁,此纸何来,不问而知是偏安的谕旨,从太平湖饭店颁下的。"①

薛,是指当时女师大的教务处长薛燮元,他自然是维护杨荫榆的,早在四月份许广平致鲁迅的信中已经提到过此人,信是这样写的:"日来学校演了一幕活剧,引火线是教育部来人,薛先生

---

① 《两地书·二三》,人民文学出版社1973年版,65页。

那种傻瓜的幼稚行径。"当时的情形是这样的,1925年4月3日教育官员视察女师大,然而,学校里的学生们正在轰轰烈烈地驱逐杨荫榆,贴满了标语和告示,薛燮元看到后立即撕毁,然而,越撕越多,直到抱了满怀,墙上仍然还有许多标语和告示。

所以,薛的话自然是不可信的。那几日,许广平心里总不平静,被群体高高抛起时的快感尚未消化,却已经被重重地摔在地上。这个时候,看到自己的名字被涂上了墨水,便觉得,自己的心也一并被染黑了,那是暗夜的悲伤,浓郁得化不开。

只好给鲁迅写信诉说凄凉。写信之前,又仔细地读了鲁迅前一封来信,当看到了鲁迅在信里说:"我现在愈加相信说话和弄笔的都是不中用的人,无论你说话如何有理,文章如何动人,都是空的。他们即使怎样无理,事实上却招招得胜。然而,世界岂真不过如此而已吗? 我要反抗,试他一试。"[1]

读到这几句话以后,许广平觉得有一股火焰在自己的内心里燃烧了起来,身体的温度慢慢升腾,竟然脸红心跳。她在5月27日的信中写道:"读吾师'世界岂真不过如此而已吗……'的几句,使血性易于起伏的青年如小鬼者,顿时在冰冷的煤炉里加上煤炭,红红地燃烧起来。然而这句话是为对小鬼说的吗? 恐怕自身也当同样的设想罢。"[2]

---

[1] 《两地书·二二》,人民文学出版社1973年版,64页。
[2] 《两地书·二三》,人民文学出版社1973年版,65页。

鲁迅收到信后，立即回复："现在老实说一句罢，'世界岂真不过如此而已吗……'这些话，确是'为对小鬼而说的'。"

在许广平被孤立的那一段时间里，她的内心一直被鲁迅的书信燃烧着。

脆弱的时候，她甚至在信里写到自己的初恋，她从广东到北京以后，曾经喜欢过一个男人。当时许广平被人传染了猩红热，住在医院里，那个男人喜欢她，不顾一切地照应她，结果自己的身体抗力差，也得了猩红热，死了，她的第一份爱情成了空白。她还向鲁迅坦白了她哥哥的死，她父亲的死。并因为自己亲人的死去而痛恨所有活着的人。她的原话是这样的："为什么他不死去，偏偏死了我的哥哥。"

这封信写完后，并没有寄出去，而是直接送到了学校的办公室教师的信箱里。在信的上面，还附了一个字条。那字条也一定有被墨水涂过的阴暗表情。《两地书》出版时，这张字条丢失了，没有编入。但据我猜测，内容应该大致如下：鲁迅师，5月7日的事件京报为何不见有任何报道，我在这种沉默中闻到了油墨的味道，除了我的名字之外，被涂黑的事物，原来还有一些。这不得不使我的内心感到寂寞。鲁迅师，谢谢你的火焰，温暖了我。

自然，写到这里，我必须声明，以上内容，纯属杜撰，实在是不大严肃，死罪死罪。

之八　鲁迅枕下那柄短刀

1925 年 5 月，鲁迅来到了女子师范大学，作为一个过客，他问许广平，前面有什么？许广平告诉鲁迅：「前面有许多许多野百合，野蔷薇，我常常去玩。」

　　1925 年 3 月 2 日,鲁迅作了《过客》一文,剧本像一个黑白电影,有寓言一般的品质。只有三个人物,老人、孩子和过客。我喜欢开头的字幕,如下:

　　时间,或一日的黄昏。

　　地点,或一处。

　　人物,老翁约七十岁,白头发,黑长袍。女孩约十岁,紫发,乌眼珠,白地黑方格长衫。过客——约三四十岁,状态困顿倔强,眼光阴沉,黑须,乱发,黑色短衣裤皆破碎,赤足著破鞋,胁下挂一个口袋,支着等身的竹杖。

　　剧情简洁得很,若不是背后的黑暗幕布里隐藏着太多的比喻,这个剧本就显得过于幼稚了。然而,越是简单的东西,越是有无限的空白供我们来猜测,来填补,来畅想,来思考和怀疑。这这个黑白电影里,主人公没有名字,没有出处,从一个不知在哪里的遥远地方来到现实里,他问:“你可知道前面是怎么一个所在吗?”老翁回答:“是坟。”可是,孩子却回答:“那里有许多许多野百合,野蔷薇,我常常去玩。”

　　每一个年纪所看到的风景大不相同,就像老人和孩子,对于世界的发现,有着截然相反的描述。而过客是个中年男人,他经历了满清王朝的末日、辛亥革命、袁世凯称帝、五四运动、军阀大混战、国民党执政、共产党崛起。世界突然陷入一场前所未有的混乱里，所以，一时间看不清前途，或者对政府规划的前途有些怀疑、迷茫，是切实的。与其说是描述一个受伤的过客对于前途的寻找，不如说是鲁迅先生的自况。

1925年5月30日，鲁迅致信许广平，写道："你的反抗，是为了希望光明的到来罢？我想，一定是如此的。但我的反抗，却不过是与黑暗捣乱。大约我的意见，小鬼很有几点不大了然，这是年龄、经历、环境等等不同之故，不足为奇。例如我是诅咒'人间苦'而不嫌恶'死'的，因为'苦'可以设法减轻而'死'是必然的事，……又如来信说，凡有死的同我有关的，同时我就憎恨与我无关的……，而我正相反，同我有关的活着，我倒不放心，死了，我就安心，这意思也在《过客》中说过，都与小鬼的不同。其实，我的意见原也一时不容易了然，因为其中本含有许多矛盾，教我自己说，或者是人道主义与个人主义这两种思想的消长起伏罢。所以，我忽而爱人，忽而憎人。"[①]

鲁迅总是担心自己会将黑暗的气息不小心传染给年轻人，这一点，他在一九二四年致信李秉中时也谈到过："我自己总觉得我的灵魂里有毒气和鬼气，我极憎恶他，想除去他，而不能。我虽然竭力遮蔽着，总还恐怕传染别人，我之所以对于和我往来较多的人有时不免觉得悲哀者以此。然而这些话并非要拒绝你来访问我，不过忽然想到这里，写到这里，随便说说而已。你

---

① 《两地书·二四》，人民文学出版社1973年版，68页。

如果觉得并不如此,或者虽如此而甘心传染,或不怕传染,或自信不至于被传染,那可以只管来,而且敲门也不必如此小心。"①

在鲁迅的书信集里,男读者中只有李秉中与其讨论过死亡和爱情,而女读者中,则只有许广平。

许广平在读过鲁迅的书信,很有些担心鲁迅的不怕死。又加上,她在坊间听说了一些传言,因此马上回信说:"自然,先生的见解比我高,所以多'不同',然而即使要捣乱,也还是设法多住些时好。褥子下明晃晃的钢刀,用以克敌防身是妙的,倘用以……似乎……小鬼不乐闻了!"②

许广平在1925年6月1日的回信中,末尾的省略号里的内容,是指鲁迅的自杀。

鲁迅枕下的一把短刀大约是在日本留学期间同学送他的,他一直珍藏着。及至周氏兄弟闹了纠纷,分开来住,他先是住在砖塔胡同俞芳姐妹三人的院子里,后来又买了西三条胡同的宅院。有一阵子,家里特别热闹,鲁迅为了逗女孩子们开心,吹牛说自己在日本也学过武士道的功夫,大约也用那柄短刀舞过几下体操动作。在日本留学期间,学校里有体操课的。

在《过客》里,鲁迅的确让过客负了伤,但却并没有给他配备合适的武器,往前走,往坟地里走,往荆棘密布的未来走,却是拖

---

① 《鲁迅书信集·上》,人民文学出版社1976年版,61页。
② 《两地书·二五》,人民文学出版社1973年版,70—71页。

着伤痛的身体。可见鲁迅果真像过去致李秉中的信中所说的：
"我常想自杀，也想杀人，但却没有勇气。"①

对于死，没有勇气。所以只好发一通议论，这在和许广平的
通信中也不止一次地提到。

自然，那一柄刀并不是用来自杀的。

鲁迅在收到信的当天就回了信，说这不过是流言。因为去
西三条胡同和砖塔胡同的青年学生很多，也不知是谁说起了他
的那柄短刀，一来二去便走了样。遂有鲁迅藏刀于枕下，随时有
自杀的念头的传言。

越是不实的荒唐的言论，越容易传播。等到传入许广平的
耳朵里，已经彻底变了样。鲁迅只好直接回答她："短刀我的确
有，但这不过为夜间防贼之用，而偶见者少见多怪，遂有流言，皆
不足信。"②

鲁迅的现实生活是什么呢？寂寞的过客。

他从 1898 年开始成为过客，在南京更名为周树人，四年后
乘船抵日本，之后，问路不知道有多少次，从来没有人告诉过他，
"坟"的前方是什么。直到 1918 年，因为一个机缘，他写了一部
《狂人日记》，才有了鲁迅这个名字。但是，尽管他吃了一阵子饱
饭，洗干净一段时间的脸面，但很快又被社会现实的染缸给染黑

① 《鲁迅书信集·上》，人民文学出版社 1976 年版，61 页。
② 《两地书·二六》，人民文学出版社 1973 年版，72 页。

了。

作为一个过客,他需要有一柄刀,不是用来切割自己、自杀,而是用来切割路上的荆棘及食物。1925 年 5 月,鲁迅来到了女子师范大学,作为一个过客,他问许广平,前面有什么?许广平告诉鲁迅:"前面有许多许多野百合,野蔷薇,我常常去玩。"

鲁迅便出发了,他明知道,前面有坟,有数不清的尸骨和荆棘。好在,鲁迅在枕下有一柄短刀,大约,鲁迅先生想把这柄刀带进梦里,把黑暗的一切都刺破。

之九　苦闷的象征

爱一个女子，自然会跑快一些，给她拿一条湿毛巾有什么。

1925 年 6 月 2 日,鲁迅把复许广平书信的末尾的署名摘了一个字,只剩下"迅"字。仿佛把老师尊严的面孔洗去了,只剩下普通的朋友身份,又或者是想借助于省略的那一个字,重新开始新的称呼,那欲言又止的眼神,已经在这一个字里省略了,暗喻了。

只看许广平的反应了。

1926 年 6 月 5 日的回信里,许广平并未表现出如先生所愿的亲昵,依旧如小鬼般在信里讲笑话,亲昵的内容也是有的,但温度不够,之前鲁迅已经用了足够的火把温暖了她,她也在信里坦白过,自己要燃烧起来了。但是之后的信里,温度依然有些平淡。

在接到第一封署名"迅"的回信后,许广平写了很长的回信,大抵是说她去参加大学生的聚会,然而遇到的情况十分荒唐,北大和师大两派的学生为了争谁当头头而打起来了。无奈,她只好领着女师大的小分队回校,在路上突然遇到了校长杨荫榆,当时,许广平突然被自己名字被判"墨刑"的一团无名火燃烧,她突然高呼"打倒杨荫榆",同行的一些同学纷纷响应,直到杨荫榆的车队吓得逃跑了,这才出了一口恶气。虽然有些假公济私,却依然在书信里"快活"了一把。

在上一封信里,许广平误以为有人私拆了鲁迅给她的书信,在信里大骂当局竟然到了检查私人信件的地步。然而,这事其实是鲁迅干的,鲁迅写完以后,发现有几句话没有说完,便找到信,拆开了,补上一两句话,又重新封了口。

许广平在复信里说:"既封了信,再有话说,最好还是另外写一封,多多益善,免致小鬼疑神疑鬼,移祸东吴(其实东吴也确有可疑之处)。看前信第一张上,的确加了一点细注,经这次考究,省掉听半截话一样的闷气,也好。"[①]

"再有话说,最好还是另外写一封,多多益善",自然有调皮和撒娇的意味,但并没有达到鲁迅先生的预期,鲁迅想象的结局应该是这样的:许广平激动地直扑到他的怀抱里。

不久,鲁迅便达到了目的,这是后话。

在这封回信里,许广平还写到《苦闷的象征》。当时的情形的确很苦闷,学校因为学生闹学潮罢课,校长杨荫榆辞职了,教务长和总务长也随着去了。于是学校里一盘散沙,鲁迅每周一次到女师大讲的课程自然也不存在了。这是许广平最为苦闷的事情。

在这封信里,她写到了这一点:"罢课了! 每星期的上《苦闷的象征》的机会也没有了;此后几时再有解决风潮,安心听讲的机会呢?"

生活毕竟不是革命,内心的充实仅靠激情是不能填满的,所以,苦闷自然随时钻进来。夏天的炎热正沿着窗外的蝉的叫声钻进体内,嗯,有些无所事事的无聊。许广平写了信以后,一直

---

① 《两地书·二七》,人民文学出版社 1973 年版,73 页。

等不来鲁迅的回信，便着了急，于一周后又写了一封信。大约是喝醉了酒以后写的，把苦闷的生活用调皮的笔画了出来："小鬼心长力弱，深感应付无力，日来逢人发脾气——并非酒疯——长此以往，将成狂人矣！幸喜素好诙谐，于滑稽中减少许多苦闷，这许是苦茶中的糖罢，但是，真的苦之量如故。"

苦闷的出口便是喝酒，喝得醉了，便写了一篇叫做《酒瘾》的文字，然后投寄给鲁迅了。那信里的措辞非常之滑稽："好久被上海事件闹得'此调不弹'了，故甚觉生涩，希望以'编辑'而兼'先生'的尊位，斧削，甄别。如其得逃出'白光'而钻入第十七次的及第，则请赐列第 X 期《莽原》的红榜上坐一把末后交椅：不胜荣幸感激涕零之至！"①

若只看《两地书》而不看鲁迅的其他作品，此处理解起来便有些生涩了。《白光》是鲁迅小说集《呐喊》中的一篇，这篇小说讲述了一个落第的考生的故事，主人公大约叫陈士成，一共考了十六次县考，也没能考上秀才。所以，许广平说，能逃出"白光"而钻入第十七次的及第，意思是能被鲁迅选中。

苦闷的日子变成了一篇喝酒的文字，这的确是青春的，好笑的，又是快乐的。

鲁迅收到信后立即回了信，自然是要抚平小鬼的寂寞和苦闷了，信写得极长，我比较了一下，两地书中，差不多最长的，便

---

① 《两地书·二八》，人民文学出版社 1973 年版，75 页。

是这一封复信了,这封写于 1925 年 6 月 13 日晚上的信,整整有五页。鲁迅在信中说到这一点:"本来有四张信纸已可写完,而牢骚发出第五张上去了。时候已经不早,非结束不可了,止此而已罢。迅。六月十三日夜。"

以为署名都结束了,应该完了吧,没有,大概鲁迅想了一会儿,觉得第五张信纸上的这半张空白有些可惜,而许广平那边的苦闷似乎尚很浓郁,于是乎,又涂写了一些字,大致讨论了一个写字的女人的闲话。

这些闲话虽然无关紧要,但是满满的信纸,却是紧要的。

这正应了许广平的"多多益善"的要求。满满五页纸,寄给哪个女人,都会被烙上"谈恋爱"的印记。

然而,鲁迅先生却不,他只在信里劝说许广平不要成为狂人,因为现实中的世界,脾气急的总是容易吃亏。自然,先生是怕许广平吃亏了。

关心许广平的苦闷是这封信的典型特质,说完了一些闲话,便又回到了许广平的苦闷中来:"中国青年中,有些很有太'急'的毛病(小鬼即其一),因此,就难于耐久(因为开首太猛,易将力气用完),也容易碰钉子,吃亏而发脾气,此不佞所再三申说者也,亦自己所曾经实验者也。"①

是啊,不要太急,慢慢来,哪怕是内心里有爱意。五页纸的

<hr/>

① 《两地书·二九》,人民文学出版社 1973 年版,77 页。

长信并没有说出任何暧昧的词句,在许广平伸出寂寞的手来寻找安慰的时候,鲁迅依然慢腾腾地踱着步子。课程结束了,站在讲台上的机会没有了,他便将信纸当作了讲台,五张纸还没有说完题外话。正课也没有开始。

苦闷仍然延续,如一团熄灭的火堆而冒出的青烟,若离得远,闻不到气息,只能看到那美好的影子,倒也不必皱眉。若是被这烟雾包围,呼吸都困难,那么,美好皆失去了。

许广平现在就在这烟雾里,鲁迅先生呢,他去取湿毛巾去了。我看到他跑动的身影,那是相当敏捷的。

爱一个女子,自然会跑快一些,给她拿一条湿毛巾有什么。

之十　　一杯安慰

　　鲁迅却是第一次听从一个小鬼的建议，开怀一笑，没有继续愤激下去。那一杯来得轻缓且柔软的安慰，像一场夏天的雨水，滋润了那一年的苦闷和干枯，抚平了鲁迅身上几片刺向自己的鳞片。

孙伏园是鲁迅交往最多的学生之一，除了章廷谦（即章川岛，一直和鲁迅及周作人两人交际关系甚好，鲁迅移居上海后，他经常在信里透露周作人的近况），孙伏园是鲁迅交往最多的学生。孙伏园和鲁迅的渊源，自绍兴就开始了，当年鲁迅自日本回国，接受许寿裳的安排，来到杭州师范学校的时候，孙伏园即是该校的学生。

孙伏园后来因为鲁迅的那首著名的《我的失恋》一诗，愤然从《晨报副刊》辞职，而后创办了《语丝》周刊，再后来到了《京报副刊》做编辑。而且，在刚刚过去的一年里，孙伏园还陪着鲁迅去西安考查，当时的鲁迅一直想写长篇小说《杨贵妃》。再后来，孙伏园和鲁迅一起去厦门大学，鲁迅教书，孙伏园则编辑校报，再后来，孙伏园回到武汉，编辑中央日报副刊，仍然和鲁迅联系紧密。

然而，正是在1925年6月13日夜晚，鲁迅给许广平的这封五页长信里，他写到孙伏园时，有些猜疑和厌恶的口气。在两地书出版的时候，误解已经消除，鲁迅便随手删除了名字，只保留两个框框。内容如下："□□的态度我近来颇怀疑，因为似乎已与西滢大有联络。其登载几篇反杨之稿，盖出于不得已。今天在《京报副刊》上，至于指《猛进》《现代》《语丝》为'兄弟周刊'，大有卖《语丝》以与《现代》拉拢之观。或者《京报副刊》之专载沪事，不登他文，也还有别种隐情（但这也许是我的妄猜），《晨副》

即不如此。"①

关于鲁迅的多疑,在鲁迅去世后的第五天,即 1936 年 10 月 24 日,钱玄同曾经写过一段文字。

钱玄同指出鲁迅的短处有三:首当其冲的便是"多疑"。他说:"鲁迅往往听了人家几句不经意的话,以为是有恶意的,甚而至于以为是要陷害他的,于是动了不必动的感情。"其二是轻信。他说:"他又往往听了人家几句不诚意的好听话,遂认为同志,后来发现对方的欺诈,于是由决裂而至大骂。"其三是迁怒。他说:"本善甲而恶乙,但因甲与乙善,遂迁怒于甲而并恶之了。"②

在给许广平的这封信里,钱玄同的评价一语中的。即使是孙伏园对鲁迅无比亲近,但是,只要孙伏园在没有打招呼的情况下与"现代评论"派的人有了交道,鲁迅便先是怀疑,而后就迁怒于孙伏园了。

孙伏园在此前关于爱情的讨论中,以及由鲁迅推荐青年书目时所惹起的众怒中,均扮演了"灭火器"的角色。若是有暇翻一下鲁迅的杂文集《集外集拾遗》,就可以看到鲁迅先生在前面放火之后,孙伏园在后面奔忙的身影。关于青年必读书,鲁迅的话一石激起千层浪:"我以为要少——或者竟不——看中国书,

---

① 《两地书·二九》,人民文学出版社 1973 年版,77—78 页。
② 钱玄同《我对周豫才君之追忆与略评》,1936 年 10 月 26 日、27 日《世界日报》,后收入《永在的温情——文化名人忆鲁迅》,河北教育出版社 2000 年版。

多看外国书。"

即使是在八十余年后的今天来看，鲁迅的话依然是偏激的。可想而知，当时的中国知识界，被鲁迅的这一句鞭炮一样的话语给惊呆了，于是乎无数抗议的信件雪片一样击向孙伏园所在的《京报副刊》，其中有一篇署名熊以谦的人写了一篇《奇哉！所谓鲁迅先生的话》，鲁迅还专门做了一篇文字回复。

然而，刚在《两地书》编号为二九的信里，讨论了许广平的"太急"的毛病，他自己却开始怀疑一直追随自己左右的学生。

许广平收到信以后，马上在回复里也做了一回心理按摩师。她在 6 月 17 日的回信末尾写道："《京报副刊》有它的不得已的苦衷，也实在可惜。从它所没收和所发表的文章看起来，蛛丝马迹，固然人有可寻，但也不必因此愤激。其实也这是人情（即面子）之常，何必多责呢。吾师以为'发现纯粹的利用'，对□□有点不满（不知是否误猜），但是，屡次的'碰壁'，是不是为激于义愤所利用呢？横竖是一个利用，请付之一笑，再浮一大白可也。"[①]

浮一大白，是罚酒的意思。许广平在此前的信里已经浮过一大白了。

在这段回信里，许广平既没有正面为孙伏园辩解，却又十分委婉地劝解了鲁迅的愤激，使鲁迅先生在这短短的几十字里，感

---

① 《两地书·三〇》，人民文学出版社 1973 年版，81 页。

觉到孙伏园也处在一个"人之常情"的无奈中。

孙伏园,这位因为鲁迅的一首诗歌被主编临时抽下而愤怒辞职的中国最早的副刊编辑,对中国现代文学史有着举足轻重的贡献,正是他每周微笑着往周氏兄弟居住的八大湾胡同跑,让鲁迅按时交稿。正因为孙伏园的每周一次的按时逼迫,鲁迅的《阿 Q 正传》才得以完成。从 1921 年 12 月 4 日开始连载,至 1922 年 2 月 12 日结束,结束的时候孙伏园正好出差去,按照孙伏园的意思,《阿 Q 正传》本来还可以写得更长一些。

鲁迅的迁怒被许广平的一封短信中吹来的微风熄灭。不久之后,孙伏园便与鲁迅一起应了林语堂的邀请,去了厦门大学,两个单身男人,均不会做饭,弄出了许多笑话,这些情节在鲁迅的《两地书》第二辑或者孙伏园的回忆录中均可以看到。

鲁迅对孙伏园的好表现在很多个地方,譬如借钱给他,譬如两个人一起去外地出差,生性粗放的孙伏园起床后从不叠被子,总是由鲁迅先生帮他叠好。孙伏园呢,和鲁迅一起到厦门大学以后,因为广州的一家报社邀请他,便提前到了广州,任广州《国民日报》副刊主编,兼任中山大学史学系主任,孙伏园到了中山大学之后,为鲁迅提前打探广州的情形;甚至以自己在中山大学的人际脉络,帮助鲁迅将许广平调往中山大学任助教。

我相信,关于鲁迅对他的误解和猜疑,孙伏园事后也是知道的,而许广平在复信里帮他说的那些好话,他也是知道的,所以才经常在自己工作的报纸上发表许广平的作品。还有,作为和鲁迅较为亲近的学生,孙伏园对鲁迅的怪脾气和善良的本性都是领教了的,所以,他是不会和自己的师长计较的。

然而,鲁迅却是第一次听从一个小鬼的建议,开怀一笑,没有继续愤激下去。那一杯来得轻缓且柔软的安慰,像一场夏天的雨水,滋润了那一年的苦闷和干枯,抚平了鲁迅身上几片刺向自己的鳞片,实在是及时得很,又有效得很。

之十一　爱情定则的讨论

在厦门大学，他说出「我可以爱」，这四个字的时候，一切爱情的规则都突然没有了作用。爱情，和报纸上讨论的多数情节都关系不大，它只存活在两个刚好遇到又刚好彼此温暖的内心里。

许广平和鲁迅相识于 1923 年 10 月,当时,鲁迅刚刚接受北平女子师范大学校长许寿裳的邀请,在该校兼任国文系讲师,每周讲授一小时中国小说史,而许广平是该校国文系二年级学生。

然而正在这一年,两个人先后在孙伏园编辑的《晨报副刊》上参与了一个"爱情定则的讨论"。关于这件事情,在《两地书》第十八封信中,许广平写道:"先前《晨报副刊》讨论'爱情定则'时,我曾用了'非心'的名,而编辑先生偏改作'维心'登出,我就知道这些先生们之'细心',真真非同小可,现在先生又因这点点忘记署名而如是之'细心'了,可见编辑先生是大抵了不得的。"①

要细述这封信里所说的"爱情定则"的讨论,不得不说起两个人,一个是被讨论的主角,谭熙鸿;另一个是掀起讨论的人,张竞生,谭熙鸿的同学和同事。

谭熙鸿何许人也,此人当时是北京大学校长办公室主任,蔡元培的秘书,他先后娶了陈纬君和陈淑君两姊妹为妻,而这两姊妹是陈璧君的妹妹,谭熙鸿和汪精卫兄台自然成了连襟。说起谭熙鸿和陈淑君的婚事,很是曲折,原来,谭熙鸿和陈纬君同在法国留学,结成连理后也恩爱异常,只可惜 1922 年 3 月陈纬君染上猩红热死去,撇下了两个孩子。陈淑君当时在广州念大学,政治形势不好,转学至北大,刚好借居在姐夫谭熙鸿家里,日久

---

① 《两地书·一八》,人民文学出版社 1973 年版,55 页。

生情。然而两个人刚在《晨报》上公布婚约，便惹来祸端。原来是陈淑君在广东的恋人叫沈厚培，投书《晨报》，投诉谭熙鸿暗抢他的妻室，于是那篇文字便以《谭仲逵（熙鸿之字）丧妻得妻，沈厚培有妇无妇》为题目发表，此事在社会上引起了轩然大波，北大的教授竟然公然夺人之妻，何其伤害风化也。万不得已的情况，陈淑君在第二天以《谭仲逵与陈淑君结婚之经过》为题，投书《晨报》，声明沈厚培所述与事实不符，公开为自己辩白。然而却遭遇沈厚培接二连三的文字纠缠，情形甚是尴尬。当时，谭熙鸿的北大同事又同是法国留学时的同学张竞生找到了《晨报副刊》的编辑孙伏园，了解到内情竟然是陈璧君在幕后策划，于是写了一篇叫《爱情的定则与陈淑君女士事的研究》的文字，发表在1923年4月29日的《晨报副刊》上，公开为谭熙鸿辩论，在文章里，张竞生认为，爱情是一种基于生理的、心理的、社会的诸种因素的极繁杂的现象，爱情的定则主要有四项：

（一）爱情是有条件的。——什么是爱情？我一面承认它是神圣不可侵犯，一面又承认它是由许多条件组成。这些条件举其要的：为感情、人格、状貌、才能、名誉、财产等项。

（二）爱情是可比较的。——爱情既是有条件的，所以同时就是可比较的东西。凡在社交公开及婚姻自由的社会，男女结合，不独以纯粹的爱情为主要，并且以组合这个爱情的条件多少浓薄为标准。例如甲乙丙三人同爱一女，以谁有最优胜的条件为中选。男子对于女人的选择也是如此的。

（三）爱情是可变迁的。——因为有比较自然有选择，有选择自然时时有希望善益求善的念头，所以爱情是变迁的，不是固定的。大凡被爱的人愈有价值，用爱的人必然愈多。

（四）夫妻为朋友的一种。——爱情既是有条件的、可比较的、可变迁的，那么，夫妻的关系，自然与朋友的交合有相似的性质。所不同的，夫妻是比密切的朋友更密切。所以他们的爱情，应比浓厚的友情更加浓厚。故夫妻的生活，比普通朋友的越加困难。因为朋友可以泛泛交，夫妻的关系若无浓厚的爱情就不免于解散了。欧美离婚案的众多即是这个道理。

即使是放在今天，张竞生的文章也是极富有生活逻辑且条理的文字，但是，在当时国民尚未开化，各种关于婚姻的法律尚未建立的情况下，张竞生的文字，可谓是一石激起千层浪。

善于操作副刊的孙伏园利用了这次争论，让《晨报副刊》在北京狠狠地畅销了一把。

批评张竞生观点的竟然还有不少是北大的教授，即张竞生的同事，譬如有一个叫做梁镜尧的教授。另一个署名钟孟公的竟然叫停这次讨论，认为有伤风化，让青年出丑。这次讨论，周作人、许广平、鲁迅等人均参与了。

许广平的观点和她自己以后所做的事情形成了一个鲜明的对比，她在长长的信里，先是否定了张竞生的观点，甚至还嘲笑了陈淑君的见异思迁。然而,许广平呢,自己是逃婚出来的,从这一点上,就已经进入了张竞生的观点:爱情是有条件的,正因为许广平看不上对方,才逃了出来。然而,出乎意料地是,这次,她竟然作了一次封建礼教的代言人——"因此:我个人的论断,以为陈选择条件在来京以后,又在很短的时间里(月余)又在依然一身处在谭的家里,那其间有没有情势的诱导或压迫,旁人是不敢知的,陈虽是自己表白是出于自己恋爱,但她是否因为事已如此,也只可说得好听一点,为谭和自己盖脸,旁人也是不敢知的。不过从心理上考察,大概男子的情是活动的,女子是保守的,而在事实上,如男子没有一种爱情的表示,女子是很不易表现出来,何况是已经订婚的女子,要她忽然改变她的情志,向别人表示爱恋呢?"

相比较之下,鲁迅的观点则有历经世事的宽容和开明,他在1923年6月12日致孙伏园的信里写道:"我交际太少,能够使我和社会相通的,多靠着这类白纸上的黑字,所以于我实在是不为无益的东西。例如'教员就应该格外严办','主张爱情可以变迁,要小心你的老婆也会变心不爱你'之类,想着都非常有趣,令人看之茫茫然惘惘然;倘无报章讨论,是一时不容易听到,不容易想到的,如果'至期截止',堵塞了这些名言的发展地,岂不可惜?"①

---

① 《鲁迅书信集·上》,人民文学出版社 1976 年版,50 页。

对于那些个认为男子死了老婆就不能再娶，甚至女人丧了夫就必须守活寡才能证明自己的贞洁的封建卫道夫来说，在一份报纸讨论如此光滑甚至富有挑逗性的话题，自然是丢丑的事情。然而，鲁迅却嘲笑着说："钟先生也还是脱不了旧思想，他以为丑，他就想遮盖住，殊不知外面遮上了，里面依然还在腐烂，倒不如不论好歹，一齐揭开来，大家看看好。"①

主张顺从的许广平，终究没有顺从，而是在两年后开始主动出击，用一个单纯女子的温暖的心靠近并捕获了鲁迅的爱。而主张揭开来看的鲁迅先生，并没有天天揭开爱情的伤疤，他深受礼教婚姻的害，却极少对外面诉苦。他的那位朱安女士，一直存放在母亲那里，自己独独不愿意享用，却也不忍心伤害她（鲁迅曾经和许钦文说过此事，不能休掉朱安，因为她回去以后活不下去的）。

然而，终于有一天，当他和许广平彼此都打开了心灵，在厦门大学，他说出"我可以爱"，这四个字的时候，一切爱情的规则都突然没有了作用。爱情，和报纸上讨论的多数情节都关系不大，它只存活在两个刚好遇到又刚好彼此温暖的内心里。

---

① 《鲁迅书信集·上》，人民文学出版社1976年版，50页。

之十二　道歉信

如此幽默又亲昵的辟谣，自然把他与许羡苏之间的误解解释得清晰又明了，很显然，他明确地告诉了许广平。我喜欢你。

1925 年 6 月 29 日晚上，鲁迅给许广平写信：

"广平兄，昨夜，或者今天早上，记得寄上一封信，大概总该先到了。刚才得 28 日函，必须写几句回答，就是小鬼何以屡次诚惶诚恐怕的赔罪不已，大约也许听了'某籍'小姐的什么谣言了吧？辟谣之举，是不可以已的：第一，酒精中毒是能有，但我并不中毒。即使中毒，也是自己的行为，与别人无干，且夫不佞年届半百，位居讲师，难道还会连喝酒多少的主见也没有，至于被小娃所激吗?！这是决不会的。"①

然而，《两地书》中，鲁迅的这第 33 封信的前面注释着：此间缺许广平二十八日信一封，从鲁迅这封信的开头，便可猜出，许广平一定是道歉来的。

信里的"某籍"小姐当然是指许羡苏。

我再介绍一下事情的经过：那是 6 月 25 日，农历端午节，鲁迅在家里请许羡苏、许广平、俞芬、俞芳、王顺亲 5 位小姐吃饭。羡苏、俞芬、王顺亲都是鲁迅三弟周建人在绍兴女子师范时教书的学生。小鬼许广平较为淘气，事先与俞芬、王顺亲串通，将鲁迅灌醉。鲁迅酒力不胜，醉后用拳打俞芬、俞芳的拳骨，后来又借酒醉（是否真醉值得探讨）按住许广平的头。当时的情形有些放荡了，许羡苏认为闹得太过分了，大约也有些隐约的嫉妒，于是吃到一半，愤然离席。事后许羡苏对许广平说："这样灌酒会

---

① 《两地书·三三》，人民文学出版社 1973 年版，84 页。

酒精中毒的,而且先生可喝多少酒,太师母订有诫条。"许广平听后大惊,三天以后,她挤出一封信来,"诚恐惶恐的赔罪"不已。于是,才有了鲁迅先生的这封复信。鲁迅特地庄严地进行了辟谣,说明自己并没有喝醉,更没有酒精中毒,尤其是那句有些孩子气的"我并不受有何种'诫条',我的母亲也并不禁止我喝酒",让许广平在接下来的一封回信里,又嘲笑不已。在之前的一天,鲁迅的信中是这样写的:"又总之,端午这一天,我并没有醉,也未尝'打人';至于'哭泣',乃是小姐们的专门学问,更与我不相干。特此训谕知之!此后大抵近于讲义了。且夫天下之人,其实真发酒疯者,有几何哉,十之九是装出来的。但使人敢于装,或者也是酒的力量吧。然而世人之装醉发疯,大半又由于依赖性,因为一切过失,可以归罪于醉,自己不负责任,所以虽醒而装起来。但我之计划,则仅在以拳击'某籍'小姐两名之拳骨而止,因为该两小姐们近来倚仗太师母之势力,日见跋扈,竟有欺侮老师之行为,倘不令其喊痛,殊不足以保架子而维教育也。"[1]

　　许广平和鲁迅之间的亲密感惹得许羡苏未吃完饭便提前离去,事后,又告诉许广平"不能让大先生喝太多的酒,容易酒精中毒的"。这才有了许广平在6月28日来信中一连串的道歉和诚惶诚恐。

　　许羡苏是周建人在绍兴女子师范学校教书时的学生,也是

---

　　[1] 《两地书·三三》,人民文学出版社1973年版,84页。

鲁迅的学生许钦文的四妹。当初她到北京报考北京大学时，没有住处，只好寓居在八道湾周氏兄弟的院子里。由于许羡苏很会做菜，一手地道的绍兴菜让鲁迅的母亲鲁瑞很欢喜，再加上当时居住在八道湾里的周作人一家都说日语，鲁瑞更是需要一个家乡的人来说说话，打发寂寞。后来，她考上了北京女子师范大学，成了许广平的同学，住了校，但周末的时候仍是八道湾的常客，鲁迅和周作人闹翻以后，就是许羡苏建议鲁迅暂时搬到俞芳姐妹共住的砖塔胡同的。

许羡苏除了在家里扮演老太太的开心果，出门还能说一口流利的普通话，所以，在外面采购的一些事情，有时也交由她来处理。

她后来写过一个回忆鲁迅先生的长文，文字虽然很粗糙，但那些真实的细节，重新还原了鲁迅当时的生活。她给鲁老太太和朱安女士买布料、洗衣肥皂、头油、牙粉、袜子，给鲁迅买火腿、酱菜。

鲁迅对许羡苏也很关心，考上女师大之后，因为许羡苏是短头发，校方便不让她入学，鲁迅百般设计，才使得许羡苏入了校。这一点鲁迅在《坟·从胡须说到牙齿》一文中写过的："虽然已是民国九年，而有些人之嫉视剪发的女子，竟和清朝末年之嫉视剪发的男子相同；校长M先生虽被天夺其魄，自己的头顶秃到近乎精光了，却偏以为女子的头发可系千钧，示意要她留起。设法去疏通了几回，没有效，连我也听得麻烦起来，于是乎'感慨系之矣'了,随口呻吟一篇《头发的故事》。但是,不知怎的,她后来竟居然并不留发,现在还是蓬蓬松松的在北京道上走。"

曹聚仁给鲁迅写传记时,曾经写了肯定的语句,认为许羡苏是鲁迅的情人。而且在鲁迅日记里,许羡苏的名字的确频频出现,从 1912 年至 1923 年的短短 12 年间,有关她的记载多达 250 多次。从 1924 年至 1932 年,两人书信往返的次数也相当多。再加上,鲁迅日记中记载的收到过许羡苏织的毛背心及毛衣等物之事,更是加深了普通读者的联想。后来,经过鲁研专家陈漱渝的释疑,方有了一些模棱两可的真相:关于织毛衣等事情,是因为鲁迅的原配夫人朱安不会织毛线,鲁迅的毛线衣原由周建人的夫人羽太芳子负责织,后来羽太芳子也随同她的姐姐羽太信子跟鲁迅断了交,鲁迅的母亲就只好请心灵手巧的许羡苏代劳。事情原本就是这样单纯。

在 6 月 29 日的这封辟谣信中,鲁迅还进一步表白了心迹:"然而'某籍'小姐(许羡苏)为了粉饰自己的逃走起见,一定将不知从哪里拾来的故事(也许就从太师母那里得来的),加以演义,以致小鬼也不免吓得赔罪不已了吧。但是,虽是太师母,观察也未必就对。我自己知道,那天毫没有醉,更何至于糊涂,击房东之拳,吓而去之的事,全都记得的。所以,此后不准再来道歉,否则,我'学笈单洋,教鞭 17 载',要发杨荫榆式的宣言以传布小姐们胆怯之罪状了。看你们还敢逞能吗?"①

"学笈单洋,教鞭17载"这句话,是戏说女师大校长杨荫榆的病句,因为杨曾经在《晨报》发表的《对于暴烈学生之感言》中曾经说:"荫榆夙不自量,蓄志研求,学笈重洋,教鞭十载。"意思是说她自己留学两个国家,而鲁迅只在日本留过学,自然是"学笈单洋"了。

如此幽默又亲昵的辟谣,自然把他与许羡苏之间的误解解释得清晰又明了,很显然,他明确地告诉了许广平。我喜欢你。

正是在这个时候,从北京回来的周建人,对于鲁迅到底喜欢许羡苏还是许广平有些疑惑,他问孙伏园。孙伏园告诉他:鲁迅最爱"长的那个",因为"他是爱才的,而她(许广平)最有才气"。

"长的",相比较而下,许广平的确比许羡苏长得长一些。

---

① 《两地书·三三》,人民文学出版社 1973 年版,84 页。

之十三　嫩弟弟

鲁迅在那枚剪报上的最后一句话是『你一定要我用教鞭吗？？！！』两个问号，两个感叹号，用摇头晃头又无可奈何的表情写成，这才逗笑了许广平。

《两地书》屡次再版的版本中,均没有收录许广平于1925年6月30日的回信,然而查浙江文艺出版社出版的《鲁迅作品全编:两地书》,在附录的原稿里,可以看到这封信。

在这封回信之前,鲁迅连续的两封信,一封是借着酒气耍一番和他年龄并不大相称的无赖:"……不吐而且游白塔寺,我虽然并未目睹,也不敢决其必无。但这日二时以后,我又喝烧酒六杯,蒲桃酒五碗,游白塔寺四趟,可惜你们都已逃散,没有看见了……总之:我的言行,毫无错处,殊不亚于杨荫榆姊姊也。"①

若不是看到这最后一句的幽默,前面的话就像一个叉腰纠缠的泼皮无赖。恋爱让一个中年男人回到青春的路上,在这封信里表露无遗,所以这封信的前半部分,在《两地书》里看不到,只有看鲁迅的书信集全编,或者《鲁迅全集》,才能查得到。

第二天,酒醒之后的鲁迅"老师"便接到了许广平的道歉信。于是,立即复信,无赖不便再耍了,却仍然幼稚得厉害。信里的一句让后生的读者露齿,曰"我并不受有何种'戒条',我的母亲也并不禁止我喝酒。我到现在为止,真的醉只有一回半,决不会如此平和。"

这半个醉酒的统计,依旧坦露出年少轻狂的稚气。大约正是这字里行间的气息,为许广平的放肆埋下了伏笔。

在6月30日的复信里,许广平极尽文字的芳香,一边态度

---

① 《鲁迅作品全编·两地书》,浙江文艺出版社2000年版,451页。

严厉地批评鲁迅的吹牛皮耍无赖，一边又暗递着秋波诉说衷肠。批评的文字如下："老爷们想'自夸'酒量，岂知临阵败北，何必再逞能呢！这点酒量都失败，还说'喝酒我是不怕的'，羞不羞？我以为今后当摒诸酒门之外。"而撒娇的文字如下："那天出秘密窟（注，指鲁迅所住的西三条胡同）后，余小姐（实指俞小姐）及其二妹在白塔寺门口雇车到公园去了，我和其余的两位都到寺内逛去，而且买些咸崩豆，一边走一边食，出了寺门，她们俩也到公园去找余小姐，我独自雇车至南城后孙公园访人去了，大家都没有窜，从从容容的出来，更扯不上'逃'字，这种瞎判决的判官，我将预备上诉大理院了。"①

　　书信集在出版时由于故意或者疏漏，此时缺失了数封信，此次酒后耍赖的事故在下一封信时，鲁迅终于赢得了许广平第一个昵称"嫩弟弟"。自然，此后的昵称就很多了，譬如小白象，譬如风子，甚至我还揣测过的昵称如下：夜，老狗屁等等。夜自然是因为高长虹自诩为太阳，要追求许广平这枚月亮，然而月亮却径直地奔向夜晚的怀抱，那么，老狗屁呢，这纯属猜测，未见任何资料，只因鲁迅书信中称海婴为小狗屁也。

　　"嫩弟弟"这个称呼，首见于 1925 年 7 月 13 日的复信里，在这封信中，许广平应付了鲁迅"老师"的又一次教训，鲁迅的教训大致是这样的：屡次登载你的文章，不是因为你的文笔优美之

---

① 《鲁迅作品全编·两地书》，浙江文艺出版社 2000 年版，451 页。

极,是因为我们《莽原》在闹饥荒。还有就是,鲁迅拼命地想组一些评论文字,而投稿者多是年轻人,不是写散文就是写诗歌。杂志编得像是"骗小孩"的杂志,所以鲁迅警告许广平:而偏又偷懒,有敷衍之意,则我要加以猛烈之打击。小心些罢![1]

许广平在回信里巧笑盼兮,直把鲁迅在上封信里的圆睁着的怒目给一点点遮蔽,甚至还调皮地在鲁迅的下巴上画了两圈胡子。且来看看这封信里放纵的字句:"……嫩弟近来似因娇纵过甚,咄咄逼人,大有不恭不状以对愚兄者,须知'暂羁'、'勿露'……之口吻,殊非下之对上所宜出诸者,姑念初次,且属年嫩,以后一日三秋则长成甚速,决不许故态复萌也,戒之念之。"[2]

如此满篇云端里飞翔的调皮,恰好晾晒了许广平的才华,这正是鲁迅所喜见的。更有趣的是,这封信里,许广平竟然剪了一份报纸上罗素的文章,直接寄给了鲁迅,起了个名字叫做《罗素的话》。在此之前,许广平已经做过了类似的事情,鲁迅在信里说她偷懒,应该就是说的这件事情,许广平竟然把鲁迅在第一封回信里两个回答摘抄了下来,取个名字《如何在世上混过去的方法》,这个标题,现在读来仿佛是个病句,但在五四白话文刚刚吹响的时候,阅读者并不在意这些末梢和枝节。7 月 13 日,许广平所寄的《罗素的话》一文,是摘录罗素近著《中国之问题》的一

---

① 《两地书·三四》,人民文学出版社 1973 年版,86 页。
② 《鲁迅作品全编·两地书》,浙江文艺出版社 2000 年版,454 页。

些段落。

鲁迅看后,大约默然而笑了,他实在有些无奈了,百般瞪眼也不管用。手里抽的烟大约是许广平某次送来的英国烟,抽了人家的嘴短,无法在口头上给予更多的训导了,只好幽她一默吧。在两天后的回信里,鲁迅剪下一块京报上的分类广告,上题《京报的话》,署名"鲁迅",故意让许广平看。那剪报的空白处,鲁迅用小楷细细地注解此篇文字:"'愚兄'呀,我还没有将我的模范文教给你,你居然先已发明了么?你不能暂停'害群'的事业,自己做一点么?你竟如此偷懒么?"①

和许广平所剪贴的内容不同,鲁迅所剪的这份《京报》是下面的一小截分类广告,除了招聘招生,就是租屋和卖药丸的。许广平一看傻了眼,以为鲁迅在这小广告里有深意,夜晚在灯下仔细地冥想,也不得细致,最后干脆投降了,翻看鲁迅写在旁边的短信,才知道,鲁迅的意思:偷懒剪贴或者阅读别人的文字后成段成段地抄下,添两句自己的感想,是偷懒的行为,要自己做一点才好。

鲁迅在那枚剪报上的最后一句话是"你一定要我用教鞭吗??!!"

两个问号,两个感叹号,用摇头晃头又无可奈何的表情写成,这才逗笑了许广平。

---

① 《鲁迅作品全编·两地书》,浙江文艺出版社 2000 年版,456 页。

在收到信的当天,许广平便回了信,这封回信,《两地书》中亦未收录。信的第一句便是:"嫩棣棣:你的信太令我发笑了,今天是星期三——七,十五——而你的信封上就大书特书的'七,十六'。小孩子是盼日子短的,好快快地过完节,又过年,这一天的差误,想是扯错了月份牌罢,好在是寄信给愚兄,若是和外国交涉,那可得小心些,这是为兄应该警告的。还有,石驸马大街在宣内,而写作宣外,尤其该打。其次,《京报的话》,太叫我'莫名其妙'了,虽则小小的方块,可是包含'书报'、'声明'、'招生'、'介绍'、'招租'、'古巴华侨界之大风潮'。背面有'证券市价'、'证券市况'、'昨日公债高价涨落之经过'、'上海纱价高涨不已'、'沪提运栈货会成立'……是知嫩棣棣之恶作剧,未免淘气之甚矣。"[①]

鲁迅在信的末尾说,你一定要我用教鞭吗,而许广平的回信里则说,如此嫩棣犯上作乱地用起教鞭,愚兄只得师古了。此告不怕。师古,这里需要好好注释一下,是因为许广平的一个已经逝世了的哥哥,幼时上学的时候,和老师相斗,若老师拿起教鞭打他,哥哥便和老师相对,围着一张书桌乱转。若是先生伸长了手臂将鞭子隔着桌子打下来时,哥哥便会蹲下,终于是挨不着打。所以,许广平的"师古"的意思是向自己的哥哥学习。

教鞭自然是舍不得用的,将日期写错,虽然在许广平的笔下

---

① 《鲁迅作品全编·两地书》,浙江文艺出版社 2000 年版,456 页。

是幼稚的孩子的表现,但的确表达了两个人当时一日不见如三秋兮的牵挂。

一个女儿家,把比自己长十多岁的一个男人当作嫩弟弟来看,不用说,一定是想对他好的。而喜好教训人的"老师"鲁迅兄,面对如此顽劣的姊姊,也没有更好的办法,只能举起手投降。人世间,最美好的事情,不过是遇到一个懂得自己的女人,而且她的怀抱时刻是朝自己张开的。

扑过去吧,鲁迅兄。

之十四　半个鲁迅在淘气

在许广平的眼睛里，她所看到却是头发蓬乱的孩子，穿红袜子或者当着众人的面叫娘的孩子，或者是一个「外凶恶而内仁厚的一个怒目金刚，慈悲大士」。

喝酒、吹牛,并且在日记里用暧昧的词语来记录两个人的感情。从 1925 年 3 月 11 日开始通信到 7 月上旬,短短四个月的时间,两个感情枯萎的人便被同一把爱情的火点燃,且一发而不可收拾。

关于鲁迅与许广平具体的定情时间,曾有不少人考证,据鲁迅研究学者倪墨炎考证说,鲁迅与许广平的恋爱正式确立的时间为:1925 年 8 月 8 日至 14 日这一周。原因是这一星期许广平因为学潮而受到开除学籍的处罚,学校还要将她遣送回乡,许广平不得不躲进了鲁迅所住的西三条胡同的南屋里避风头。为了佐证自己的观点,倪墨炎还搬出鲁迅十年后写给许广平的一首诗来:"十年携手共艰危,以沫相濡亦可哀;聊借画图怡倦眼,此中甘苦两心知。"这首诗写于 1934 年底,那么,十年前,应该是 1925 年了。

其实,若细读后来的《两地书》原信,便可知,早在鲁迅醉酒的那个端午节后,已经和许广平确立了恋情。证据如下:"中国民国十四年七月十六日下午七点二十五分八秒半"致许广平的书信一封。①

如果说前一天的书信的日期是无意中写错,那么这封精确到下午某某点某某分八秒半的书信,则一定是定情的书信了。

许广平把这封信称之为"一封滑稽文"。

---

① 《鲁迅作品全编·两地书》,浙江文艺出版社 2000 年版,459 页。

这篇精确到半秒钟的"滑稽文"其实是一个淘气的剧本,除在形式上以剧本的方式行文以外,还在内容上用孩子式的调皮回击了许广平的孩子气。

在上一封信里,许广平像孩子一样顽皮,没大没小地和鲁迅打情骂俏,譬如在信的结束时,还调戏鲁迅说:你若是非要用教鞭打我,那么,我有办法,就是"师古",学习我的哥哥,和先生围着桌子乱转,若是先生要伸长手将鞭子打下来时,我就蹲下。而鲁迅的淘气在"滑稽文"中表现得更为淋漓,在这封信的第五章中,小标题便起作"师古无用"。为何呢,有如下解释:"我这回的'教鞭',系特别定做,是一木棒,端有一绳,略仿马鞭格式,为专打'害群之马'之用。即使蹲在桌后,绳子也会弯过去,虽师法'哥哥',亦属完全无效,岂不懿乎!"

除了淘气地"定做"这样一根教鞭之外,鲁迅老师还在此信里淘气地做了下面的事情:

其一:不承认自己是嫩弟弟,因为他头发没有短至二寸以下,也没在脸上涂雪花膏,更没有穿莫名其妙的材料做成的绣花衣服。

其二:不承认自己的日期写错了,其实明明是写错了,这一点纯属孩子式的无赖。

其三:关于剪贴的《京报》的话。因为鲁迅剪贴了一点反正两面都是广告的《京报》,并在上面写上标题,叫做《京报的话》,署上鲁迅的名字,又在文章的末尾处写下两句议论。让许广平费神半天，也"莫名其抄"，所以鲁迅在这里露出孩子般的牙齿，笑着说："就算大仇已报。现在居然姑看作正经，我的气也消了。"呵呵，这是如何的淘气啊，被别人用一篇剪报给骗过以后，必须也要以同样的方式骗回来不可，每每阅读到此处，我都会想到自己童年时的骗人，那时幼稚异常，每一次被骗以后，都要用同样的方式再骗别人一通，结果自然不灵，所以每每郁闷。现在看到鲁迅先生以同样的方法也能骗倒对方，不由得佩服十分，自然，是佩服他的孩子气。

当然了，这封信若是深入地看，还会发现更为淘气的句子，譬如在第七章标题后的括号内，有这样的一句：这题目长极了！然而，这样的题目仍然没有调皮够，还在书信的末尾，写了长长的时间，甚至还细节到"二十五分八秒半"。

"半"仿佛是一个约摸的词语，譬如鲁迅在此前的信里也曾经用过，说自己醉酒的情形，一共有过一回半。

那么，根据鲁迅的模糊逻辑，在《两地书》中，淘气的内容毕竟不多，最多也只占半个。即使是一贯淘气的这匹"害群之马"，在两个人关系确立以后，多的是寒暖衣饰的担忧，而不是再称呼先生为弟弟般的胡闹。

胡闹在鲁迅的"滑稽文"后达到了高潮。收到信的第二天，即"中华民国十四年七月十七日某时某分某秒半"，许广平又一次给鲁迅画了像，依旧是"嫩弟弟的特征"：

A. 想做名流，或初到女校做讲师，测验心理时，头发就故意长得蓬松长乱些。这是真的,鲁迅刚到女师大做讲师时,不修边幅是出了名的。

B.(冬秋春)有红色绒袜子穿于足上。穿红袜子成了鲁迅的一个笑话,大约不止一个学生看到了,所以,许广平以此来攻击鲁迅,说他像个嫩弟弟一样地胡乱着衣。

C.专做洋货的消耗品,如洋点心,洋烟,洋书……

D.总在小鬼前失败,失败则强词夺理以盖羞,"嚷,哭"其小者,而"穷凶极恶"则司空见惯之事。

E.好食辣椒,点心,糖,烟,酒——程度不及格……

F.一声声叫娘,娘,犹有童心。

G.外凶恶而内仁厚的一个怒目金刚,慈悲大士。[①]

这些要点组合在一起,就成了一个私人珍藏的鲁迅画像。是啊,不管鲁迅在外人的面前如何"睚眦必报",如何博学勇直,如何开风气之先,在一个铁屋子里呐喊,但在许广平的眼睛里,她所看到却是头发蓬乱的孩子,穿红袜子或者当着众人的面叫娘的孩子,或者是一个"外凶恶而内仁厚的一个怒目金刚,慈悲大士"。在这封回信里,许广平有一句话当是定情之声音,如下:"《京报的话》,我本晓得'其妙在此',但是这种故意捣乱,不可不分受,所以也仍旧照抄,使嫩弟弟也消耗些时间来读一读,那么我的'大仇'也算报了。但是'兄弟阋于墙,外御其侮',所以我希

---

① 《鲁迅作品全编·两地书》,浙江文艺出版社 2000 年版,460 页。

望和嫩弟弟同仇敌忾,何如?"①

在"但是"之后,是伸出的一双手,字面的意思是和解,而内里却是问情。那句"我们同仇敌忾吧",其实就是我们以后站在同一个战壕里吧,我们亲昵吧,我们恋爱吧。

始初,每一次阅读《两地书》,我总会感觉先生的恋爱谈得太一本正经,不管是讨论学校里的事还是社会上的事,两个人几乎都保持着矜持的坐姿,我想,大约是鲁许二人年纪相差太大,而不敢放肆吧。直到后来,通过别的途径看到《两地书》中未收录的这几份书信,才被先生那淘气的文笔所触动。除了大家找到的这几封淘气的书信之外,鲁迅与许广平的通信中,仍然遗失了很多,我相信是这样的,除了自然遗失的信件之外,一定还有鲁迅和许广平故意隐藏的,感情浓郁时的那些卿卿我我是不能让第三个人听到的,那么,我们所看到的鲁迅先生一定是隐藏了半个淘气的面孔,在夜晚的时候,偷偷地笑着。

爱情足以让一个四十五岁的男人变成孩子,不信,你可以看看《两地书》(人民文学出版社 1973 年版)第一集中的最后一封信的最后一句话,鲁迅在信的末尾写下的日期是:七月二十九日或三十日,随便。

呵呵,那就随便吧,有人会原谅这种淘气的。

---

① 《鲁迅作品全编·两地书》,浙江文艺出版社 2000 年版,460 页。

之十五　水来，我在水中等你

已经习惯向对方叙述一切，恨不能把自己内心的钥匙也配一把给对方，让对方随时来检阅忧伤或者喜悦。

和一个基督徒同一个房间住真麻烦，大约要听她不停地捂着胸口默念经书。

船的过道里堆满了工人，还有一个学生模样的人在讲北伐的必要性，他的口才很好，见识也多些，讲演的时候还夹杂着炫耀他在其他地方看到的革命情形。这惹得许广平很兴奋，她也参与了进去，插话介绍北京当局的黑暗，自然也讲述了自己的英雄事迹。

这是 1926 年 9 月初的事情，9 月 4 日这一天，许广平照例在睡梦中被同房间的梁姓基督徒惊醒，梁姓同室的朋友多，来到房间以后，不是唱圣诗，便是打扑克。那么热爱打扑克，让许广平颇为反感，以为他们不是真的基督徒。当他们邀请许广平一起玩时，许广平便推脱说不会。此时船行进在厦门附近，但还没有到厦门，在甲板上来回打了几个转，空茫一片，实在无聊，许广平不得不回到床铺上看书，太吵了，看不下去。那天，许广平对焦菊隐的作品进行了恶评，原文如下："看书，也没有地方，也看不下去，勉强看了《骆驼》，除第一二篇没看，又看《炭画》，是文言的，我想起林琴南来了，格格不入，看不下去。继看焦菊隐的《夜哭》，糟透了，还不如塞入纸篓，字句既欠修饰，文理命意俱恶劣，这样的作品，北新也替他出版矣！"①

这一天鲁迅先生已经到了厦门，当天，鲁迅也给许广平写了

---

① 《鲁迅作品全编·两地书》，浙江文艺出版社 2000 年版，466 页。

简单的一封信,大致介绍他听不懂厦门的话,便给林语堂打电话,让他来接。鲁迅的信里有这样的一段话和许广平的书信有了呼应和灵犀:"我在船上时,看见后面有一只轮船,总是不远不近地走着,我疑心是广大。不知你在船中,可看见前面有一只船否? 倘看见,那我所悬拟的便不错了。"

而许广平在 9 月 4 日的书信里也正好写到了她对鲁迅的牵念:"听说过厦门,我就便打听从厦门至广州的船。据客栈人说,有从厦门至港,由港再搭火车(没有船)至粤,但坐火车中途要自己走一站,不方便,而且如果由广州至港,更须照相找铺保准一星期回,否则向店铺索人,此路'行不得也哥哥'。有从厦门至汕头者,我想这条路较好,由汕头至广州,不是敌地,检查……省许多麻烦,这是船中所闻,先写寄,免忘记,借供异日参考。"①

一个站在甲板上,看到附近的一只船,恨不能大声叫喊对方的名字,一个则窝在船舱里看书写信,还打探从厦门至广州的具体路线,每写下一个地名,都会联想到鲁迅乘车或坐船去看望自己的甜蜜情形。

每每读到此处,我都会联想到沈从文于一九三四元月,新婚后因为母亲病重不得不回家探视母亲而写下的湘行书简。那些书信里透露出的思念的气息和许广平此时书信中的气息非常接近,沈从文听到河边的一声小羊的叫声都能联想到在家里的张

---

① 《鲁迅作品全编·两地书》,浙江文艺出版社 2000 年版,466 页。

兆和。而许广平看到厦门茫茫的大海，也同样能想到被水包围着的鲁迅弟弟。

此时的鲁迅与许广平，已经处于热恋阶段。已经习惯向对方叙述一切，恨不能把自己内心的钥匙也配一把给对方，让对方随时来检阅忧伤或者喜悦。命运常常是这样安排的，许广平在信里仔细描述的路线图在四个月后有了作用。

有过出差经验的人，都会理解在车上或者在船上的时候，时间像在橡皮筋上做上下运动的人，每一秒都像是被拉长了几倍似的。这个时间，最适合给想念的人写信。身边的声音、状物都是入信的佐料。

许广平的信大致就是这样的，买了便宜的小汗巾，一块钱六条，还不到二毛一条；黑皮鞋也是便宜的，一双三元；从8月最后一天上船，到9月6日下午下船，许广平写了满满十页的信，她仿佛想让鲁迅重新温习她的旅程，这样写下来，让鲁迅看到，就像鲁迅也陪在她身边一起走过一样。

还是说一下1926年9月4日的信吧，鲁迅住在厦门大学的一个临时的住处，三楼，教员的宿舍楼还没有建好，需要一个月以后才能完工，离开学还有半个月的时间，有的是空闲，所以，一个未知的世界还没有打开。他写道："我写此信时，你还在船上，但我当于明天发出，则你一到校，此信也就到了。你到校后望即见告，那时再写较详细的情形罢，因为现在我初到，还不知道什么。"

而同一天,在船上的许广平,除了评论焦菊隐的《夜哭》,被基督徒的唱诗厌倦。还写到船路过厦门时的心情:"下午四时,船经厦门云,我注意看看,不过茫茫的水天一色,厦门在哪里?!室迩人遐!!! ……信也实在难写,这样说也不方便,那样说也不妥当,我佩服兰生,他有勇气直说。"①

在这一段里,思念的树叶子落尽了,果实虽然有了,却压抑了树枝,所以,许广平很想舒展一下自己的身体或者枝叶,很想对着鲁迅大声地叫喊几声,直接一些,热烈一些,说,我爱你,或者说,你是我的,只属于我。但是,在书信里不行,一则是环境的不允,二则是两个人都显得拘泥和扭捏。这一段话在《两地书》出版时,被先生用朱笔删了去,实在是可惜得很。

许广平书信里的"兰生"大约是指一本书里的人物,在这封信里屡次提及。

巧合的是,同一天,两个人都跑出船舱来张望,一个张望后面的船只,猜想会不会有许广平在里面,另一个则张望厦门的模样,想知道,自己最为亲爱的那个人即将落脚的地方是什么的色泽或者味道。"茫茫的水天一色"并没有淹没许广平的热情的内心,刚发完牢骚,便又替鲁迅打探从厦门到广州的路途了。是啊,总是有公共的假期的,鲁迅若是想喝醉酒后乱打人的话,也需要熟悉这厦门至广州的路线啊。

---

① 《鲁迅作品全编·两地书》,浙江文艺出版社 2000 年版,466 页。

　　被厦门的海水包围着的鲁迅先生已经坐在三楼看远处的风景了,寂寞是一定的。若是有诗情的话,先生应该会写出这样的情诗:水来,我在水中等你。

　　鲁迅在厦门期间所写的书信,是《两地书》中最为重要的部分。《两地书》共分为北京、厦门至广州和上海至北京三辑,而厦门至广州的书信是最多的。一个在寂寞又荒凉的海边,一个在繁华又荒芜的城市。火苗维持了四个月,终于,两个人受不了那火焰的炙烤,决定在一起共同燃烧。

　　船来,便在船上张望;水来,自然也便在水中等你了;若是火来呢,恋爱中的鲁迅先生?

海水浴倒很近便，但我多年没有浮水了，又想，倘使害马在这里，恐怕一定不赞成我这种举动，所以没有去洗；以后也不去洗罢，学校有洗浴处的。

在厦门大学，鲁迅住在一栋破楼里，虽然建筑破旧不堪，却被学校印在一张明信片上。这很有好处，鲁迅将明信片同时寄给了许广平、章廷谦，并在明信片上标注一个明显的"＊"号，说明这里便是自己的住处。

从 1926 年 9 月 4 日抵达厦门大学到 12 日晚上，已经过去了八天时间，仍然没有收到许广平的信。对于依赖许广平甜蜜且温润的语言来应付寂寞的鲁迅先生来说，这是一种饥饿。前天晚上的大风把鲁迅房间的一扇窗子刮坏了，门还好，除了晚上听了一夜敲门声之外，并无不便。躺在床上，鲁迅想，若是这激烈的敲门声是来自许广平的话，他会立刻起床开门，给她泡上好的茶叶。天亮后，鲁迅发现了飓风的厉害：林语堂房屋的房顶被风吹出了一个硕大的洞，门也坏掉了，树叶子和灰尘布满了房间。最厉害的是校外的海边堆积着旧家具、枕头、损毁的船只和窗子，还有不幸遭遇了灾难的人的尸体。

一天中能见到的人少而又少，图书馆里的书也少。天一放晴，便很热，海滩边上常有赤裸身体的人，他们在海里游泳累了，便将自己深埋在岸边的沙里。每一次路过这些游泳的人，鲁迅便也心里痒痒的，跃跃然。在 12 日晚的信里，鲁迅写到："海水浴倒很近便，但我多年没有浮水了；又想，倘使害马在这里，恐怕一定不赞成我这种举动，所以没有去洗；以后也不去洗罢，学校有洗浴处的。"

同一天晚上，许广平也在给鲁迅写信。

　　许广平在老家的宅院里祭拜了母亲。住在一间缝纫室里，中间的那间最为狭窄，不通风，无窗，四面碰壁，她便住在这样的房子里。9月12日夜，在广州师专做训育主任的许广平还专门附了一张自己的职责表格给鲁迅，一共十七条权责，就连学生在食堂里就餐的秩序，也归她这个训育主任来负责。在此之前的信里，许广平还汇报了她的一次小事故。从香港回广州的船上，因为有太多的海关检查，许广平和一些游客换乘了小船。结果，即将靠岸的时候，小船突然遇到一个波浪漩涡，加上船上的诸人和重物失衡，导致船身倾斜，船夫落水。好在惊无险，无一人坠落。①

　　鲁迅12日晚上的信还没有寄出，便收到了许广平的信件，两封信一起收到，开心异常。"今天（十四日）上午到邮政代办所去看看，得到你六日八日的两封来信，高兴极了。此地的代办所太懒，信件往往放在柜台上，不送来，此后来信可于厦门大学下加'国学院'三字，使他易于投递，且看如何。这几天，我是每日去看的，昨天还未见你的信，因想起报载英国鬼子在广州胡闹，进口船或者要受影响，所以心中很不安，现在放心了。"②

　　每一天都要到邮政所去看信，这是恋爱中的症状最为突出的表现。

---

① 《两地书·三八》，人民文学出版社1973年版，97页。
② 《两地书·四一》，人民文学出版社1973年版，101页。

　　许广平所说的六日的信,是指那封著名的在船上写的信。在船上容易写出经典的情书,譬如沈从文,譬如徐志摩,当鲁迅看到许广平在信里细节描述自己的所见所闻,便也在回信里回忆自己的路途故事。在船上,与鲁迅同房间的人不是基督徒,而是一个革命党人,和鲁迅大谈革命,逼得鲁迅只好沉默或者逃避,不过,这位五十多岁的广东人告诉了鲁迅从厦门到广州的路线。

　　鲁迅看到了落水未遂事件,也担心了一下,在回信里,专门安慰了这匹受惊的小马:"也曾问他从厦门到广州的走法,据说最好是从厦门到汕头,再到广州,和你所闻的客栈中人的话一样,我将来就这么走罢。船中的饭菜顿数和你乘的'广大'一样,也有鸡粥,船也平稳,但无耶稣教徒,比你所遭遇的好得多了。小船的倾侧,真太危险,幸而终于'马'已登陆,使我得以放心。我到厦门时亦以小船搬入学校,浪也不小,但我是从小惯于坐小船的,所以一点也没有什么。"①

　　书信虽然慢了一些,但总有着阅读不尽的体温及笑容,可以反复阅读。

　　鲁迅去厦门大学国学院教书缘自林语堂的邀请,与鲁迅同时接到林语堂邀请的,还有孙伏园、章廷谦、江绍原等人。鲁迅离开北大去厦门大学任教的事情,孙伏园已在北京的京报副刊

---

　　① 《两地书·四一》,人民文学出版社1973年版,102页。

上做了宣传。在书信里,鲁迅特别地讲到这件事情,大约是想隐约地向许广平透露一些消息,京城里已经有关于他们两个人的闲话了。

其实,早在鲁迅没有离开北京的时候,闲话已经有了。传闲话的人并无恶意,无非是常常去西三条胡同鲁迅宅院里的孙伏园、章廷谦、高长虹、向培良几个人。

在鲁迅和许广平决定离开北京前,已经商量着要工作两年后,有所积蓄后,再考虑同居结婚。在 1926 年的 3 月 6 日,也就是两个人通信的一周年纪念日前,鲁迅在日记里写道:"夜为害马剪去鬃毛",这一句话大概是两个人关于身体接触的最为直接的证据了。

两个人的关系一直碍于鲁迅有夫人而停止在礼仪和爱慕的阶段,尽管许广平执著地表达自己的感情,但鲁迅一直在退避,直到后来,学校的风潮以及琐碎的事情将两个人越挤越近,甚至融化在了一起,鲁迅才下定了决心似的,爱了起来。

"我上船时,是建人送我去的,并有客栈里的茶房。当未上船之前,我们谈了许多话。谈到我的事情时,据说伏园已经宣传过了(怎么这样地善于推测,连我也以为奇)。所以上海的许多人,见我的一行组织,便多已了然,且深信伏园之说。建人说,这也很好,省得将来自己发表。"①这一段话里,套藏着鲁迅的犹豫

① 《鲁迅作品全编·两地书》,浙江文艺出版社 2000 年版,473 页。

不决,大约当时还不便于公布两个人的恋情,又或者担心时间或者距离的遥远会使两个人的感情有所变化,所以,信里的文字,只提到鲁迅自己。但在《两地书》出版时,两个人已经结婚生子,所以再无须担心和顾忌,便做了简单的修改。改正后的文字如下:"我上船时,是建人送我去的,还有客栈里的茶房。当未上船之前,我们谈了许多话。我才知道关于我的事情,伏园已经大大的宣传过了,还做些演义。所以上海的有些人,见我们同车到此,便深信伏园之说了,然而并不为奇。"①

厦大的课时本来不多,但林语堂希望鲁迅的课程能开得多一些。

鼓浪屿上的寓客越来越多了,厦门大学就在鼓浪屿的对面,隔岸可看。也有渡船,十分钟就到了。可是鲁迅要编讲义,还要应付许多未知的困惑和寂寞,当然,最重要的是,还要继续报告在厦门大学的衣食住行。"我已不大喝酒了;饭是每餐一大碗(方底的碗,等于尖底碗的两碗)……"这种乖巧又温和的汇报,读来觉得会心。读到这里,前文里提到的那句"我多年没有浮水了,又想,倘使害马在这里,恐怕一定不赞成我这种举动,所以没有去洗"就非常自然了。爱一个人,除了调皮、任性、孩子气,更多的是要依托这种"每餐一大碗"的油盐做法。

---

① 《两地书·三八》,人民文学出版社1973年版,102—103页。

之十七　九十六级台阶

不敢劝戒酒，但祈自爱节饮。你的害马。

鲁迅不大喜欢京剧。

鲁迅去世后,郁达夫写回忆录,曾经写到过这一点。大至是在五四时期,田汉和茅盾等人提出用京剧救国。鲁迅就嘲笑他们说:"以京剧来救国,那就是唱'我们救国啊啊啊'了,是行不通的。"①

而在厦门大学的那个图书楼上,他的邻居顾颉刚等人都喜欢听京剧,用留声机来听,啊啊啊,啊啊啊的,鲁迅无比厌倦。

厦门大学的附属中学叫做集美中学,也是陈家庚投资办的,刚好鲁迅在北师大任教时带过的几个学生被分配到这个学校教书,一九二六年九月十九日晚,五个学生请鲁迅吃饭,说起了各自的现状,五个学生在学校里推行白话文写作教学,遭遇了冷遇,很是孤单无助。鲁迅对五个学生的孤单很是理解,他正被一群有欧美留学经验的学者们包围,他也很孤单。

在厦门大学国学院里,林语堂是国学院的主任,沈兼士是国学院文学系的主任,然而到了学校很多天,这些人中除了鲁迅、沈兼士和顾颉刚,其他人都没有拿到聘书。林语堂费了很大的力气才给孙伏园、黄坚等人要来了聘书。

顾颉刚和黄坚均是胡适的信徒,此时的鲁迅和胡适已经决裂。所以鲁迅不喜欢他们。能不和他们说话便不说。因为可做

---

① 郁达夫《回忆鲁迅·郁达夫谈鲁迅全编》,上海文化出版社 2006 年版,17页。

的事情实在是少,鲁迅学会了睡懒觉,头发长了也不理,胡子也刮得少了,显得异常的潦倒。

离市区太远了,只能到学校旁边的那个小商店里买东西吃,可是那个店员的普通话实在是太差了,鲁迅和他讲话基本上是南辕北辙。小店里有一种圆圈点心很好吃,龙眼是新鲜的,鲁迅也买了一点,不好吃。

回到住处,留声机的声音依旧在响,啊啊啊,啊啊啊的。鲁迅便拿起笔给许广平写信:"在国学院里的,顾颉刚是胡适之的信徒,另外还有两三个,似乎是顾荐的,和他大同小异而更浅薄,一到这里,孙伏园便要算可以谈谈的了。我真想不到天下何其浅薄者之多。他们语言无味,夜间还唱留声机,什么梅兰芳之类。"①

鲁迅批评梅兰芳有几次,这一次算是比较早的。因为《两地书》发表时并未更名或者删除,所以,此书出版后,立即引起了梅兰芳的注意和反感。当然,梅兰芳对鲁迅的反感还因为鲁迅曾经在 1934 年用"张沛"为笔名发表过《略论梅兰芳及其他》。该文章分上下两辑发出,当时梅兰芳不在国内,并没有引起多大轰动,然而事后,梅兰芳还是知道了。

大约是受了这种芜杂的环境影响,鲁迅喜欢上了两件事情,一是到街上的小卖铺买点心吃,顺便到邮政所里看看有无甜蜜

---

① 《两地书·四二》,人民文学出版社 1973 年版,105 页。

的书信;再则是早早就入睡,涛声伴杂着留声机的声音渐渐远去。

"我们来后,都被搁在须作陈列馆室的大洋楼上,至今尚无一定住所。听说现在赶造着教员的住所,但何时造成,殊不可知。我现在如去上课,须走石阶九十六级,来回就是一百九十二级;喝开水也不容易,幸而近来倒已习惯,不大喝茶了。"①

这是 20 日下午致许广平的信中的一段话。书信里有着不可思议的乐观,闲暇时的那种无聊也在这段文字中表现出来,上下楼的台阶数都查得清清楚楚,这需要非同一般的寂寞。

隔了两天,又收到许广平抱怨的书信,鲁迅便又继续地数自己的台阶数:"我在这里,不便则有之,身体却好,此地并无人力车,只好坐船或步行,现在已经炼得走扶梯百余级,毫不费力了。眠食也都好,每晚吃金鸡纳霜一粒,别的药一概未吃。"②

之所以有时间去校外闲逛,还有一个原因。刚入厦门大学时,林语堂找到鲁迅说,希望他能多教一些课。鲁迅和林语堂商议之后,决定上六个小时的课,分为三个科目。在刚刚到厦门大学时,鲁迅的信里已经写到了此点:"我的功课,大约每周当有六小时,因为语堂希望我多讲,情不可却。其中两点是小说史,无须预备;两点是专书研究,须预备;两点是中国文学史,须编讲

---

① 《两地书·四二》,人民文学出版社 1973 年版,104 页。
② 《两地书·四四》,人民文学出版社 1973 年版,108 页。

义。看看这里旧存的讲义,则我随便讲讲就很够了,但我还想认真一点,编成一本较好的文学史。"①

这是 9 月 14 日中午时的信,然而到了开学前后,学生报名完毕,鲁迅才发现,他预备的三个科目中,专书研究这个科目却无一人选修。现在想来几近不可思议,鼎鼎大名的鲁迅先生的课,竟然还会出现零学生的尴尬的局面,实在是有些野史了。然而事实正是如此。看《两地书》便知:"教课也不算忙,我只六时,开学之结果,专书研究二小时无人选,只剩下了文学史、小说史各二小时了。其中只有文学史须编讲义,大约每星期四五千字即可。"②

这便是 22 日下午的短信中的内容。

这封信里还说到十天后住所要搬家的事情。那么,照理,鲁迅应该是搬到博学楼的。而顾颉刚等人则要搬到兼爱楼上的,终于可以分开了。之所以鲁迅要搬到博学楼上,并不是因为鲁迅比顾颉刚博学,而是因为单身。在厦门大学的教员宿舍分类上,有老婆的就住在兼爱楼上,大约房间大一些,有做饭的地方,而没有老婆的单身教员则要住在博学楼上。

鲁迅的信自然是随手写下的,并无话外的别音,然而,这样的字眼到了许广平那里,自然会产生一系列的联想和反应。有

---

① 《鲁迅作品全编·两地书》,浙江文艺出版社 2000 年版,473 页。
② 《鲁迅作品全编·两地书》,浙江文艺出版社 2000 年版,477 页。

老婆的就住得好一些,没有老婆(鲁迅先生的夫人朱安女士是个特例)的鲁迅先生却只能博学而寒居着,这着实让人担心,不如,就不如了吧。

果然,刚刚发出这封爬楼梯而不喘气的信件之后,就收到了许广平的担忧:"不敢劝戒酒,但祈自爱节饮。你的害马,九月十八日晚。飓风拔木,何不向林先生要求乔迁?"

这是许广平回信的最后一句。自然,许广平写这句话是因为鲁迅写信告知她的那场大风,把林语堂的房顶刮破,也把鲁迅的窗子刮坏一扇的大风。

然而,风平浪静之后,遇到的却是这啊啊啊的京剧和说别人闲话的小人。除了编文学史讲义,给北京莽原社的韦素园等人写信,应付情敌高长虹的纠缠之外,便是和茫茫大海一样的空旷和悠闲。实在没有什么积极的事情可做了,只好查楼梯的台阶数。一级,一级,一级,若是每一级都念一下害马的名字,就更好了。

之十八　　住室比赛

我仍然觉得无聊。我想，一个人要生活必需有生活费，人生劳劳，大抵为此。但是有生活而无费，固然痛苦；在此地则似乎有费而没有了生活，更使人没有趣味了。

性子的耿直自然会得罪人的,鲁迅很快便得罪了一个"善于兴风作浪的人":黄坚。

黄坚是林语堂的秘书,一开始鲁迅便对他没有好印象,原因自然和顾颉刚的推荐有关,然而鲁迅并不会一棍子就将人打死,他认真地观察此人,终于发现了此人的"鄙":一是对小职员的不屑一顾,态度傲慢;再是答应别人的事从来是口头上的,实际上根本不兑现。最重要的一个原因是,有一次林语堂正和鲁迅交流厦门大学的饮食的难吃,黄坚跑过来汇报工作,说到某个人的不好,小声嘀咕良久,于是鲁迅"就看不起他了"。

然而,物以类聚。反感也总是相互的,很快,鲁迅找到了一个机会,让黄坚碰了一个钉子。黄坚果真是个斤斤计较的人,第二天便找机会报复。大致经过是这样的:因为校方要用教师的房间陈列物品,教师们必须搬走,然而黄坚只是催促鲁迅搬走,却并不说明要他搬到哪里。鲁迅恼火了,发了脾气。黄坚便指了一间空旷的房间给鲁迅。但是,那个房间也太空了,连基本的床铺也没有。当鲁迅去找黄坚领取物品的时候,黄坚终于找到了报复鲁迅的机会,推托说物品被别人领完了,暂时没有,要鲁迅打地铺睡觉。

这自然伤害了鲁迅的自尊。离开北京来厦门大学,目的是另起一行做一番事业的,没想到被这样的小人绊在这样一个小地下室里。恼火之后,又大发其怒,这一下果然奏效。"大发其怒之后,器具就有了,又添了一把躺椅,总务长亲自监督搬运。"①

然而即使如此,鲁迅的心也凉了半截,在致许广平的信中写道:"因为玉堂邀请我一场,我本想做点事,现在看来,恐怕不行的,能否到一年,也很难说,所以我已决计将工作范围缩小,希图在短时日内,可以有点小成绩,不算来骗别人的钱。"②

学校常常弄一些好笑的事情出来,譬如鲁迅新搬的住所,因为房子稍长了一些,便装了两个灯泡,可学校为了节约,规定一个老师只能用一个灯泡,好说歹说都不管用,电工最终还是将鲁迅房间"多余"的一个灯泡摘下带走了。然而,那灯泡是摘了,电线的接口却裸露着,有一天晚上鲁迅起夜,差点儿触了电,叫了电工过来重新收拾,才算周全。

房间倒是比以前的宿舍大了,因为鲁迅被安排进了图书馆,邻居分别是会炒火腿的孙伏园和北大时的学生张颐。为了能让许广平更为直观地了解自己的住处,鲁迅特别用手绘了住处的图,一共画了五个小房子,并在下面的一行标注了自己的住处的窗子。"至于我今天所搬的房,却比先前的静多了,房子颇大,是在楼上。前回的明信片上,不是有照相吗? 中间一共五座,其一是图书馆,我就住在那楼上,间壁是孙伏园与张颐……我的房有

---

① 《两地书·四六》,人民文学出版社 1973 年版,111 页。
② 《两地书·四六》,人民文学出版社 1973 年版,111 页。

两个窗门,可以看见山。今天晚上,心就安静得多了,第一是离开了那些无聊人,也不必一同吃饭,听些无聊话了,这就很舒服。"①

可是,住图书馆不过是临时之计,管理图书馆的主任出差不在家里,林语堂就自己作主把鲁迅安排了进来。不知那主任回来以后会不会发生变化。不过,由九十六级台阶的高楼搬到了只有三十四级的二楼,心情好了许多。但没有许广平在一旁看着,生活仍显得单调且乏味。在九月二十六日晚的信中,鲁迅写到自己请了一个叫做"春来"的工人,买了许多器具,锅碗瓢盆什么的。有人看到他和工人提着这些生活用具回来,打趣说,看来要在此安下家来了。然而鲁迅却并不这样想,在信里,他说:"有人看见我这许多器具,以为我在此要作长治久安之计了,殊不知其实不然。我仍然觉得无聊。我想,一个人要生活必需有生活费,人生劳劳,大抵为此。但是有生活而无费,固然痛苦;在此地则似乎有费而没有了生活,更使人没有趣味了。我也许敷衍不到一年。"②

然而此时的许广平却是过着有生活无费的日子,"我一天的时间,能够给我自己支配的,算是晚上九时以后,我做自己的私事——如写信,预备教材。"

<hr/>

① 《两地书·四六》,人民文学出版社 1973 年版,112 页。
② 《鲁迅作品全编·两地书》,浙江文艺出版社 2000 年版,483 页。

虽然如此,许广平的住房也还是更换了,不再是那间四面碰壁的房子,而是和另外三个同事住在一起。9 月 28 日的书信里写道:"好多应当记下来的都忘了,致使我的'嫩弟弟'(《两地书》出版时此词去掉)挂心,唉,该打,忘记什么呢？ 就是我光知道诉苦,说我住的是碰壁的房,可是现在已经改革了,我于到校的第二个星期六——忘记日子了,因我没有简单的写日记(也许是十八号)记下来——在住室的东面楼上,有附小的一位先生辞职,她的房间,校长就叫我先搬去,我赶紧实行,此处为一楼,方形,间成田字,住四位先生。该三人为小学教员,胸襟狭窄,我第一晚搬来,她们就三人成众,旁敲侧击地说我占了她们房间。"①

许广平的图画得很规矩,因为房间是四四方方的,所以,她画三幅图,一幅是全景的,一幅是放大了的自己的房间,大约想让鲁迅隔着窗子看看她的夜晚或者思念,她甚至还放大了窗子,三格玻璃的窗子,里面是她的全部的表演。房门口是一个过道,堆满了邻居家里的锅碗和煤油炉。有两个邻居还带了家里的老妈子做饭,于是,嘈杂声和说笑声常不绝于过道,没有办法,一回到房间,许广平便关上房门,后面的窗子倒是可以打开,风吹来一阵湿漉漉的空气,觉得秘密只属于她自己,甜蜜也是。

不仅鲁迅的住处有再搬的可能,许广平的住处也是。九月二十八日致鲁迅的这封长信里写道:"这个学堂有点似厦大,从

① 《鲁迅作品全编·两地书》,浙江文艺出版社 2000 年版,484 页。

前是师范小学合在一起,现在师范分到新校去,该处未建好,现正筹捐,所以师范教员、学生仍住小学。"

　　师范与小学混在一起上课,事情自然要繁杂一些,晚上九点才能回到住处,她关心鲁迅的身体:菜淡了要加盐,胡椒不可以多食,要买一些罐头吃,不要省钱。窗外飘起了雨,在雨声里写信,显得更加柔软。许广平突然想起一种水果很好吃,叫做杨桃,横断开来,是一个五角星,也很好看,色黄绿,可惜,不能和嫩弟弟一起吃。

之十九 目不斜视

鲁迅的信一写到女人或者女生便会犯恋爱综合症：发誓、排他、孩子气。他的原信是这样：

「听讲的学生倒多起来了，大概有许多是别科的。女生共五人。我决定目不邪视，而且将来永远如此，直到离开厦门，和HM相见。」

在大海边睡觉,波浪的声音是渐渐听不到的呢。

每一个到过厦门的人,都会对那滔滔如诉的波浪声印象深刻,然而,久居于波浪的旁边,就像久食某种食物一样,甜味减弱乃至消失,成为日常的细节,变得模糊又乏味。

大风依旧在窗外吹,吹进梦里,吹进食物里,甚至想念里。大风几乎天天都刮,最影响的是在外面走路,把长袍吹起一个空空的大包,若是在外面尿尿,必须也要掌握好风向,一不小心,便会尿湿衣服。

我私下里以为,在情书里写尿尿如何如何,一定是感情非常亲密才行。恕我无聊,凡男子尿尿皆需抚摸生殖器多时,掌握方向次之,这隐秘的抚摸总是对自己性别甚而某种欲望的提醒,在书信里重新提及时,自然不会有炫耀的意思。但也在无意中泄露了写信者与收信者肉体上的某种亲昵无间的关系,好玩的是,这样的字句在《两地书》出版时并未删去:"我到邮政代办处的路,大约八十步,再加八十步,才到便所,所以,我一天总要走过三四回,因为我须去小解,而它就在中途,只要伸首一窥,毫不费事。天一黑,就不到那里去了,就在楼下的草地上了事。此地的生活法,就是如此散漫,真是闻所未闻。"①

而在《两地书》的原信中,还有下面的小细节,读来则更可笑。鲁迅得意于自己的大胆,而那些初来的老师还没有发现这

---

① 《两地书·四八》,人民文学出版社 1973 年版,119—120 页。

个办法，即使是晚上的时候，想要小便，也需要去遥远的厕所去"旅行"。

"旅行"一词在形容别人小便时用到，实在是绝妙之至。

在一九二七年九月二十三日许广平致鲁迅的书信里，许广平问鲁迅："你为什么希望合同的年限早满呢？你是感觉着诸多不习惯，又不懂话，起居饮食不便吗？如果的确对身子不好，甚至有妨健康，则不如失约，辞去的好，然而，你不是要去做工吗？你这样的不安，怎么可以安心工作，你有更好的方法解决没有，或者于衣、食、抄写有需我帮忙的地方，也不妨通知，从长讨论。"①这连续不断的字字句句皆流露出不安，恨不能插翅过去看看。

鲁迅在复信里解答了这一疑问："我之愿合同早满者，就是愿意年月过得快，快到民国十七年，可惜到此未及一月，却如过了一年了。其实此地对于我的身体，仿佛倒好，能吃能睡，便是证据，也许肥胖一点了罢。不过总有些无聊，有些不满足，仿佛缺了什么似的，但我也以转瞬便是半年，一年……聊自排遣，或者开手编讲义，来排遣排遣，所以眠食是好的。我在这里的心绪，还不能算不安，还可以毋须帮助，你可以给学校做点事再说。"②

---

①　《两地书·四七》，人民文学出版社 1973 年版，115 页。
②　《两地书·四八》，人民文学出版社 1973 年版，118 页。

鲁迅之所以说快到民国十七年,是因为,他和许广平在一同离开北京时曾经约定,分开工作两年后再谈婚论嫁。而民国十七年刚好是两年后,这种造句不过是委婉的孩子气,想说一日不见如三秋兮,又觉得太酸腐了,所以只好在信里表白"就是愿意年月过得快"。

许广平在二十三日信的末尾加问了一句:"伏园宣传的话,其详可得闻欤?"

因为之前鲁迅在信里提到过,两人一同离开北京以后,孙伏园在北京替他们做了宣传。按照现在的术语说,孙伏园八卦了鲁迅和许广平的关系。鲁迅在《两地书》里作复:"至于他所宣传的,大略是说:他家不但常有男学生,也常有女生,但他是爱高的那一个的,因她最有才气云云。平凡得很,正如伏园之人,不足多论也。"①

其实在《两地书》的原信中,解释的字句要稍多一些:"L家不但常有男学生,也常有女学生,有二人最熟,但L是爱长的那个的。他是爱才的,而她最有才气,所以他爱她。"②

在上海就已经听过了这些传言,然而许广平显然是未听够,之所以要鲁迅在信里再说一次,也不过是因为恋爱中女人的虚荣。这一点,不管历史如何轮回也都是不变化的,对于甜蜜的食

---

① 《两地书·四八》,人民文学出版社 1973 年版,119 页。
② 《鲁迅作品全编·两地书》,浙江文艺出版社 2000 年版,488—489 页。

物，女人总愿意多食用一些，包括甜蜜的话语。

许广平在女师大念书时有一个要好的同学叫做常瑞麟，此女曾陪着许广平一起参加学潮运动，或者一起去西三条胡同拜访鲁迅先生，关系非常之好。早在一九二三年，许广平因为照顾常瑞麟的三妹而染上猩红热，后来，许广平又将自己的病菌传染给初恋的表亲李小辉，导致李小辉不治而亡。而常瑞麟及其一家在1925年的女师大风潮中对身处逆境的许广平给予极大帮助。在谢敦南没有求得职位之时，鲁迅先生曾应许广平之托，向厦门大学举荐过谢敦南和其兄谢德南。后来，鲁迅与许广平在1929年5月13日致谢敦南、常瑞麟的信中首次将她和鲁迅先生建立新的生活的经过和"身孕五月"的情况"剖腹倾告"，信中还有"我之此事，并未正式宣布，家庭此时亦不知"，"如有人问及，你们斟酌办理，无论如何，我俱不见怪"等语。抗日战争胜利后，常瑞麟和谢敦南一家受许广平夫人之托，多次转款给鲁迅在北平的遗属朱安女士，并帮助照料。1947年6月29日，朱安女士逝世，丧事亦由常瑞麟等人主持办理。

就是因为这样一位要好的朋友的关系，许广平写信给鲁迅，要他去见一下常瑞麟的丈夫的哥哥——谢德南，此人正好在厦门的鼓浪屿上，离得近。原信是这样的："学校的厨子不好，不是五分钟可到鼓浪屿吗？那边一定有食处，也有去处，谢君的哥哥就住在那个地方，他们待人都好，你愿意去看看他吗？今日还接到谢君来信，他极希望回到家乡去做点事，但看你所处的情形，连许先生（季黻）也难荐，则其余恐怕更不必说了。"

鲁迅在回信里也提到了常瑞麟丈夫的工作的事情："谢君的事，原已早向玉堂提过了，没有消息。听说这里喜欢用外江佬，理由是因为倘有不合，外江佬卷铺盖就走了，从此完事。"

在厦门大学，不与顾颉刚之流在一起吃饭，连许广平的好友的哥哥也不去拜访，鲁迅只能孤单地在自己的房间里写信、编讲义了。

不过，听讲的学生很多，也常常有热爱文学的女生像许广平一样，坐在第一排，热情地发言。可是，这一次鲁迅先生不再执著地盯着她们看了。

鲁迅的信一写到女人或者女生便会犯恋爱综合症：发誓、排他、孩子气。他的原信是这样："听讲的学生倒多起来了，大概有许多是别科的。女生共五人。我决定目不邪视，而且将来永远如此，直到离开厦门，和 HM 相见。"①

然而这封孩子气的信，直到半个月以后才让许广平收到。收到后，许广平不禁被鲁迅的誓言逗笑了："这封信特别孩子气十足，幸而我收到。邪视有什么要紧，惯常倒不是邪视，我想，许是蓦不提防的一瞪吧！这样，欢迎那一瞪，赏识那一瞪的，必定也能瞪的人，如其有，又何妨？"②

---

① 《两地书·四八》，人民文学出版社 1973 年版，120 页。
② 《两地书·五七》，人民文学出版社 1973 年版，143 页。

广平兄的鼓励,鲁迅却不敢去执行,在接下来的一封信里,依旧目不斜视着:"我现在专取闭关主义,一切教职员,少与往来,也少说话。"①

嫩弟弟毕竟是嫩弟弟;花色的袜子大约不穿了,娘离得远了,也不再常常地叫了;但爱发誓的毛病依旧不变,呵呵,你听听他的话——"我现在专取闭关主义。"

---

① 《两地书·五〇》,人民文学出版社1973年版,125页。

之二十　有福的人

周作人竟然在《语丝》杂志上写了一篇猜测鲁迅生活的文字，他的文章里有这样一句：「经过一次解散而去的师生有福了。」许广平在信里引用了这一句话，并自嘲说：「那么，你我不是有福的吗？大可以自慰了。」

有一种水果，叫杨桃，横断如五角形，外形十分地革命，色泽黄绿，味道有草木的清香气，微甜。许广平在信里问鲁迅，厦门可有吗？

鲁迅答，我在这里吃到荔枝，柚子和龙眼，没有见过此种名目的水果。之所以吃的水果不多，原因仍然和广平兄在信里反复地约束有关系。

在厦门，香蕉的价格是一角钱五个，这种零售的方式倒是少见。彼时的钱财乃是以银元来计价，一块银元相当于现在的一百元人民币，若是一毛钱，也相当于现在的十元钱。若是依照现在的市价，十元钱只能买五只香蕉，着实昂贵了些。

所以，鲁迅在书信里特地发了一通牢骚："此地有一所小店，我去买时，倘五个，那里的一位胖老婆子就要'吉格浑'（一角钱），倘是十个，便要'能（二）格浑'了。究竟是确要这许多呢，还是欺我是外江佬之故，我至今还不得而知。好在我的钱原是从厦门骗来的，拿出'吉格浑''能格浑'去给厦门人，也不打紧。"[1]

之所以说在厦门大学工作，钱是骗来的，是因为鲁迅在厦门大学的待遇颇好，每月有五百块大洋（约合如今的五万元人民币）的收入，而每周只有四节课，不可谓不清闲也。

自从离开北京的那个是非窝，杨荫榆等人的名字便极少出现在鲁迅的日记及书信里了，陈源等人也是。唯一仍然厌恶的

---

[1] 《两地书·四八》，人民文学出版社1973年版，120页。

人就在身边工作,他就是顾颉刚。

然而,住处搬了几次以后,生活终于安定了下来,和孙伏园一起吃饭多次,发觉孙伏园的厨艺并不见佳,于是乎,鲁迅不得另请了一个做饭的工人。名字倒是很有趣,一个叫做流水,另一个叫做春来,皆诗意得很。

林语堂在厦门大学渐渐受到了排挤,先是聘书问题,除了鲁迅、沈兼士和顾颉刚三人外,一同到来的孙伏园、章川岛等人皆没有聘书,然而这些人也都是林语堂出面邀请来的。其次是住宿,鲁迅是最为典型的例子,因为得罪了林语堂的秘书黄坚,不得不反复更换住室,到厦门大学不到一个月时间,鲁迅被迫搬了三次家。

搬家次数太多,甚至接下来还有搬家的可能,所以,鲁迅不敢置办太多的家具,因此,当他看到许广平信里搬到新房子以后,写道:"从信上推测起你的住室来,似乎比我的阔些,我用具寥寥,只有六件,皆从奋斗得来者也。但自从买了火酒灯(酒精灯)之后,我也忙了一点,因为凡有饮用之水,我必煮沸一回才用,因为忙,无聊也仿佛减少了。"[1]

厦门大学的校长林文庆是尊孔的,对于新文化很是抵触,但对鲁迅和沈兼士却格外开恩,希望用一些好的草喂养他们,好挤出牛奶来。林语堂猜测出校长的爱好,便鼓动校长来举办一个

---

[1] 《两地书·五〇》,人民文学出版社 1973 年版,124 页。

展览会,来振奋精神,好让学生们知道,学校里还是有一些有价值的古董的。一天晚上,林语堂找到鲁迅,竟然要鲁迅把他的一些石刻的拓片也拿出来。鲁迅觉得好笑,在信里给许广平当作笑话讲。

许广平呢,她去城隍庙的一个酒店了吃了酒,她的一个堂兄的孩子过满月,菜很精致,在信里,她很以为坏,说:"广东一桌翅席,只几样菜,不二十多元,外加茶水酒之类,所以平常请七八个客,叫七八样好菜,动不动就是四五十元。这种应酬上的消耗,实在利害,然而社会上习惯了,往往不能避免,真是恶习。"①

除了这些恶习之外,衣服也是她顶顶讨厌的,广东的天气潮湿,又天天下雨,所以衣服洗了便不容易晒干,但是也不能老是穿同样一件衣服,若是这样,学生便会在暗地里给老师起难听而又恶作剧的外号。所以,许广平不得不把旧衣服送给别人穿,而自己要重新做过。"不是名流,未能名人,然而私意总从俭朴省约着想,因我固非装饰家也。"但是,想俭朴,却也需要合适的天气。

大雨除了带来不能洗衣物的尴尬,还有更为糟糕的事情,大雨让许广平的住室也漏了雨,到处放了盆子接水,晚上的时候,那声音异常清脆,很难入睡。

然而让许广平高兴的事情还是有的,其一,学生们都很喜欢

---

① 《两地书·五一》,人民文学出版社 1973 年版,126—127 页。

听她的课,这多少给了她一些安慰;其二,她的工资发了,领到了五十九元四角钱。和鲁迅一个月五百块大洋的月薪相比,许广平自然有些窘迫了,而且从信中可以看出,广州的消费颇高,请客吃饭,一次就能将一个月的工资花费掉,这实在有些奢侈。

工资高并不吸引人,鲁迅那里已经有了纠纷。沈兼士决定要回到北京去,所以,一直没有在聘书上签字。林语堂便央求鲁迅去从中说和,鲁迅很热情地去说,他想让沈兼士先在应聘书上签名,然后请假去北京处理杂事,但年内再回到厦门大学一次,算是在厦门大学工作了半年时间,也不枉林语堂邀请一场。鲁迅是因为知道沈兼士决心要走,才这样劝解的,可是沈兼士答应了,林语堂又不同意了,觉得这样过于便宜沈兼士了。鲁迅的一场劝解工作泡了汤,作了废。但过了两天,林语堂知道挡不住沈兼士一定要回北京,便也答应了沈的要求,结果还是按照鲁迅的方案执行的。

写信的那天是双十节,在一九二六年,此节是国庆节,大街上异常热闹,学校组织看了一场电影,可是发电机的电力不足,播放机一会儿就出不来影像了,但人们依然很热情地看着,甚至学校里的女教师都化了妆,穿了平时不舍得穿的新衣裳。

生活就是这样无聊着,然而周作人竟然在《语丝》杂志上写了一篇猜测鲁迅生活的文字,他的文章里有这样一句:"经过一次解散而去的师生有福了。"许广平在信里引用了这一句话,并自嘲说:"那么,你我不是有福的吗? 大可以自慰了。"

幸福总是相对的,是啊,鲁迅也感慨了一下:"倘我们还在那里,一定比现在要气愤得多。"

在厦门大学虽然不大高兴,因为身边总有爱听京剧的人,和只佩服胡适和陈源的人出现,这些人常常寻上门来找些小麻烦,让鲁迅不清静,但毕竟有了一份较高的收入,和一份合适距离的思念。是啊,一想到去厕所尿尿时可以顺便看一下许广平的信来了没有,便会感觉幸福;一想到集美学校的几个学生常来这里谈人生,也觉得幸福;还有林语堂家人常常会送来一些食物,让人暖暖的;比起北京在医院里躲避被抓的危险,这些都是幸福的。

"你不要以为我在这里苦得很,其实也不然,身体大概比在北京还要好一点。你收入这样少,够用吗?我希望你通知我。"①

写下这句话,内心其实也是幸福的。窗外有人在锻炼,不远处的海边还有人唱着渔歌,听京戏的人住到另一座楼里去了。日子的确还算幸福,偶尔打些折扣,只能靠广平兄的信来弥补了。

---

① 《两地书·五四》,人民文学出版社1973年版,136页。

之二十一　展览会

「我总想在此至少讲一年，否则，我也许早跑到广州或上海去了。」

是啊，第一个目标，看来还是广州，因为广州有一只小刺猬在等着。

记得有一次胡兰成看到张爱玲吃空了的食物袋子,猜测出张爱玲喜欢的零食,下一次,便买了些,还说一句,我喜欢这个,很好吃,不知道你是否也喜欢。

这样的话,多么狡猾。

恋爱中的人是不是都是如此?答案在鲁迅这里也没有改变。

比如,在 1926 年双十节的下午 3 时的信中,许广平劝解鲁迅要注意饮食,因为一个人在厦门,若是吃坏了肚子,疼痛在寂寞的情形下会加倍的。在书信里,许广平写道:"香蕉、柚子都是不容易消化的食物,在北京,就有人不愿意你多吃,现在不妨事吗?你对我讲的话,我大抵给些打击,不至于因此使你有秘而不宣的情形吗?"[①]

恋爱中的人就是如此,无论说任何事情,都会联想到内心。鲁迅的回答则像是恋爱中的胡兰成一样地狡猾:"无论怎样打击,我也不至于'秘而不宣',而且也被打击而无怨。现在柚子是不吃已有四五天了,因为我觉得不大消化。香蕉却还吃,先前是一吃便要肚痛的,在这里却不,而对于便秘,反似有好处,所以想暂不停止它,而且每天至多也不过四五个。"[②]

除了水果,鲁迅还偏爱吃甜食,这大约是在八道湾居住时留

---

① 《两地书·五五》,人民文学出版社 1973 年版,138—139 页。

② 《两地书·五六》,人民文学出版社 1973 年版,141 页。

下的习惯,因那时的大院里,除了周作人的孩子,还有周建人的孩子,鲁迅喜欢给孩子们买糖果吃。而后来,羽太信子不让自己的孩子吃鲁迅购买的糖果,大约是嫌弃他选购的糖果廉价,鲁迅不得不自己食用了。

当然,这一切都只是推测。

在厦门大学,鲁迅的饮食爱好终于受到了挑战,因为喜欢吃白糖,然而厦门的蚂蚁很多,挂在空中,蚂蚁便会顺着吊篮的绳子爬下来,依旧成团成团地包围。以至于鲁迅不得不常常连白糖带蚂蚁一起隔窗子扔到草坪里。

再后来,到林语堂家里参观,终于学到了一个好的方法,那就是把白糖放在一个塑料袋子里,系得紧紧的,放在桌子上,然后,在白糖的四周撒满了水。蚂蚁闻到气息之后,往水里爬,淹死者众,总算是解决了这个难题。鲁迅在信里十分欣喜地告诉许广平这个消息,仿佛要许广平也这样尝试一番。

然而许广平早就有自己的办法:"防止蚂蚁还有一法,就是在放食物的周围,以石灰粉画一圈,即可避免。石灰又去湿,此法对于怕湿之物可采用。"①

这些知冷暖的话,鲁迅大约也会听的。用石灰防治蚂蚁,我倒没有试过,但是用樟脑丸圈蚂蚁小时候是屡试不爽的。

不喝酒了,有了闲暇,便可以到校外去闲走几步,风很大,却

① 《两地书·五五》,人民文学出版社 1973 年版,139 页。

并没有尘土，这是鲁迅最为喜欢的。《莽原》杂志要几篇稿子，夜晚的时候，鲁迅便奋笔疾书。照例要抽烟的，但并不凶了，许广平的信就在桌子的角落里，若是烟灰弹在上面，还要仔细地拂去。

厨师终于换了一个，菜的口味好些了，心情便也好了。展览还是如期举办了，但是鲁迅先生却吃了不少的苦头。开会之前，沈兼士反复地通知鲁迅，要多取一些私藏的碑刻拓片去参展，鲁迅应下了，但是到了会场以后，才发现展出的场地相当简陋，留给鲁迅的只有一方学生的课桌，鲁迅抱了满满的一怀，怎么办呢，只好铺在地上，伏下身子一一打开看，挑选几幅品相好的展出。然后，会场上并没有会务人员，只有孙伏园自告奋勇地帮着鲁迅前后张罗着。有一个条幅很长，鲁迅的个头实在不够高大，最后鲁迅先生索性亲自站到桌子上，将那幅拓片陈列出去。风吹过去，狼狈异常，好在下面有孙伏园扯着边遮挡着风。可是，那个屡屡与鲁迅作对的秘书同学，看到了孙伏园在鲁迅下面帮闲，便把他叫去了，说是有重物要抬。没有办法，因为黄坚是林语堂的秘书，自然有权力让孙伏园去帮忙。所以，虽然是故意找鲁迅的碴，也说得过去。孙伏园走了以后，鲁迅便从桌子上跳将下来，但依然是乱作一团，有一张价值颇为不菲的拓片被吹破了边，鲁迅只好收拾起来。沈兼士看到鲁迅忙碌不堪的样子，便跑过来主动帮忙。然而，沈兼士中午喝多了酒，这下过来帮忙，一会儿跳上桌子，一会儿又从桌子上跳下来，不一会儿便晕了头，躺在展览会的角落里动弹不得了，晚上的时候还吐得一塌糊涂。

沈兼士的离去让鲁迅颇有些感慨:"据我想:兼士当初是未尝不预备常在这里的,待到厦门一看,觉交通之不便,生活之无聊,就不免归心如箭了。""此地的生活也实在无聊,外省的教员,几乎无一人作长久之计,兼士之去,固无足怪。但我比兼士随便一些,又因为玉堂的兄弟及太太,都很为我们的生活操心;学生对我尤好,只恐怕在此住不惯,有几个本地人,甚至于星期六不回家,预备星期日我若往市上去玩,他们好同去作翻译。所以,只要没有什么大下不去的事,我总想在此至少讲一年,否则,我也许早跑到广州或上海去了。"①

是啊,第一个目标,看来还是广州,因为广州有一只小刺猬在等着。

展览会上的情形,除了鲁迅自己的尴尬之外,许广平看不出更多的内容,便在信里嘲笑。"一点泥人,一些石刻拓片,就可以开展览会吗？好笑。"

然而"还有可笑的呢",鲁迅在回信的时候不得不补充展览会的片断,除了黄坚有意叫走孙伏园,让鲁迅一个人站在桌子上之外,还有更好笑的事情。那就是假钱币和照片。假钱币是从别的学院借过来的,沈兼士要鲁迅看一下真伪,鲁迅一看就笑了,是假的,鲁迅对沈兼士说,最好不要陈列,不然会闹笑话的,然而为了凑数,还是拿到了展览会上。照片便是田千顷的作品,

① 《鲁迅作品全编·两地书》,浙江文艺出版社 2000 年版,495－496 页。

他拍的照片五花八门，除了翻拍的几张古壁画之外，还有北京的街头，大风什么的，还起了洋气的名字，如"夜的北京"、"苇子"等等。可是到最后，鲁迅主张不展出的那些个仿制的古钱币最受欢迎，这着实让鲁迅感到了可笑。

写信之前，鲁迅被林语堂叫出来，看一封电报，是新成立的中山大学（原广州大学）的校长朱家骅发来的，收电报的是林语堂、沈兼士和鲁迅，想让他们三人去指示一下大学里的改制工作，然而，沈兼士急着回北京，林语堂在厦门大学获得了巨大的好处（他的弟弟、弟媳以及自己的老婆均安排在了厦门大学工作），暂时也不可能去的，唯有鲁迅和许广平被大水隔着，可以去一下。然而，鲁迅的课才刚刚上了一个月，中间还请假了两三个星期，所以，他不好意思开口，只能作罢。

由于学生们都已经知道了周树人就是鲁迅，而且报社的记者也蜂拥地来采访，还要在学校的某些集会上讲座，生活一下子拥挤起来。鲁迅突然觉得自己像一件被挂在墙上的展览品一样，被众多的人围观，甚而点评三四。

他有些不适应，很想去看看许广平，但又没有机会，他在信里埋怨那电报的时机来得不对，说："这实是可惜，倘在年底，就好了。"

好在，他喜欢许广平的打击，无论怎么打击，也不至于秘而不宣，这多少还是嫩弟弟的表现。

可是时间过得可真是快，一转，两个人分别已经近五十天了。

之二十二　酒后的告密者鲁迅先生

然而虽是这样的地方，人物却各式俱有，正如一滴水，用显微镜看，也是一个大世界。其中有一班「妾妇」（指热爱听京戏的顾颉刚等众人）们，上面已经说过了。还有希望得爱，以九元一盒的糖果恭送女教员的老外国教授；有和著名的美人结婚，三月复离的青年教授；有以异性为玩艺儿，每年一定和一个人往来，先引之而终拒之的密斯先生；有打听糖果所在，群往吃之的无耻之徒……世界大概差不多，地的繁华与荒僻，人的多少，都没有多大关系。

正式出版的《两地书》里,鲁迅并没有把自己的形象美化,查一九二六年十月二十三日晚上的信便知,在这一天晚上,他喝了酒,大约喝得猛了些,头昏昏的,他又坐在灯下,给许广平和章廷谦各写了一封信,两封信里,除了重复的叙述之外,他还扮演了卑劣的告密者,说了一些醉话。

那一天,孙伏园坐船去广州了,大约是接受了顾兆熊的电报,要他去广州办一份叫做《国民日报》的副刊,还要在中山大学兼职。同在一栋楼里居住的同事张颐也早在外面找了一处房子搬走了。一时间偌大的图书楼只有鲁迅一人,显得异常孤寂。

鲁迅在窗口听了一会儿风声,中秋的叶子已经渐渐落下,虽然厦门的天气还没有变凉,但仍然能听到风吹落树叶的声音,这声音也是寂寞的。

鲁迅在房间里来回走了几回,感觉肚子里的食物消化了,方才坐下来写信。

前天晚上的信还没有寄走,都写了什么呢,鲁迅从抽屉里翻出来看了几眼,噢,前天写到了和一个老和尚吃饭的事情,那个老和尚名气大得很,然而吃饭的时候,有几个乡下女人跑过来,向他大磕其头,他得意得很。还写到国学院的黄坚等人对他的排斥,这些人竟然找到一个其他学院的教授,想要联合起来对付鲁迅,奈何那个教授不愿意多事,对鲁迅说了。其实,林语堂在厦门大学的敌人颇多,之所以对方没有对付林语堂,是因为有沈兼士和鲁迅,现在沈兼士已走,可是鲁迅还在,若是黄坚等人把鲁迅也赶走了,那么,别的院系的人马上就会来对付林语堂的国学院,自然,身为国学院教员的黄坚等人,也一样会受到株连的,所以,这帮人真是可笑。

鲁迅看完自己的前信,就接着写可笑的人,他还在信里骂了孙伏园,虽然并不恶毒,却依旧有些像小人,比如,他笔下的孙伏园大致是这样的:"伏园却已走了,打听陈惺农,该可以知道他的住址。但我以为他是用不着翻译的,他似认真非认真,似油滑非油滑,模模糊糊的走来走去,永远不会遇到所谓'为难'。然而行旌所过,却往往会留一点长远的小麻烦来给别人打扫。"①

鲁迅先生在书信里所描绘的孙伏园的确是事实,然而,在酒后压低了声音,向自己的爱人若无其事说别人的坏话,无论如何也是有些不大光明的,在这封书信里,我终于看到了恋爱中的鲁迅先生原来也有不可爱的地方。鲁迅所谓的孙伏园总喜欢留下一些小麻烦是指孙伏园的多管闲事。原来,鲁迅请了一个叫做春来的做饭工人,孙伏园呢,也因为和鲁迅亲近的关系,常常来搭伙吃饭,后来,为了表示他和工人亲近,他还介绍这位叫春来的朋友给顾颉刚等人做饭。鲁迅自然很讨厌这一帮"陈源之徒"的,意欲阻止,但没有成功。那工人一听还可以帮着朋友挣些零用钱,欣喜异常,感谢孙伏园一番后,便一阵风似地去告诉朋友了。然而,因为春来的朋友(大约叫做流水,曾经替过春来的工

---

① 《鲁迅作品全编·两地书》,浙江文艺出版社 2000 年版,513 页。

给鲁迅做饭)菜肴煮得实在是不大好,于是顾颉刚等人便埋怨工人的饭菜难吃。有一次,顾颉刚大约是为了缓和关系,找鲁迅搭讪,假意说他请的那个工人的饭菜烧得不好吃云云,然而,鲁迅没有接他的话茬,把这句话当作了埋怨。

南北饭菜的习惯不同,北方人自然吃不惯福建人尤其是厦门人的饭食的,鲁迅在前面的信里也说过,譬如在前天晚上的信里说起和那个太虚和尚吃饭时的情形:"这里的酒席,是先上甜菜,中间咸菜,末后又上一碗甜菜,这就完了,并无饭及稀饭。我吃了几回,都是如此。"

除了因为工人的事情埋怨孙伏园之外,在这天晚上的书信里,鲁迅还向许广平曝光了他身边的教授的污点,信写得十分幽默,如下:"然而虽是这样的地方,人物却各式俱有,正如一滴水,用显微镜看,也是一个大世界。其中有一班'姜妇'(指热爱听京戏的顾颉刚等众人)们,上面已经说过了。还有希望得爱,以九元一盒的糖果恭送女教员的老外国教授;有和著名的美人结婚,三月复离的青年教授;有以异性为玩艺儿,每年一定和一个人往来,先引之而终拒之的密斯先生;有打听糖果所在,群往吃之的无耻之徒……世界大概差不多,地的繁华与荒僻,人的多少,都没有多大关系。"①

每每读到此处,我均以为醉酒后的人适合写诗,因为此时的

---

① 《鲁迅作品全编·两地书》,浙江文艺出版社 2000 年版,514 页。

写作者的灵魂是出窍的，所有的思路都是打开的，感官也特别的敏锐，比如鲁迅先生在这一段的告密，如诗歌一般地隐约和简洁：这个小岛上，盛开着一些怪异而又无耻的人。糖果在这段文字里时而虚时而实，虚实掩映，让人联想联翩。

给许广平的信写完以后，鲁迅又给章廷谦写信，在信里，他把给许广平写过的那句话也写给了章廷谦："这里的情形，我近来想到了很适当的形容了，是：硬将一排洋房，摆在荒岛的海边。"

在这封信里，除了继续编排孙伏园的不是之外，鲁迅还向章廷谦告密了顾颉刚。大致如下："我实在熬不住了，你给我的第一信，不是说某君首先报告你事已弄妥了吗？这实在使我很吃惊于某君之手段，据我所知，他是竭力反对玉堂邀你到这里来的，你瞧！ 陈源之徒！"①

这里的某君便是指顾颉刚，顾颉刚在北京大学念书时是胡适的学生，后来在京报副刊上发表文章很多，和孙伏园相熟，所以，孙伏园给他介绍一个做饭的工人，实在是正常不过的事情。同样，顾颉刚和章廷谦也是颇有交往的，不然，他不会第一个写信给章廷谦，告知他的事情已经办妥了。但是鲁迅不管这些，自认为和章廷谦的交情更深些，便在背后嚼起了顾颉刚的舌根。

好在，他自己承认是酒后的话。当然，在给章廷谦的信里，酒话还有一堆，如开头的一段："十五日信收到了，知道斐君太太

---

① 《鲁迅书信集·上》，人民文学出版社 1976 年版，98 页。

出版延期,为这怃然。其实出版与否,与我无干,用'怃然'殊属不合,不过此外一时也想不出恰当的字。"①

信里的这个出版,是指生育。彼时的章廷谦的太太已经临近生产了,可是到了医院时,医生却说要延期。孩子出生的延期被鲁迅先生说成了出版,实在是酒后的天才之语。

"喝了一瓶啤酒,遂不免说酒话,幸祈恕之。"这是信的末尾,这里的酒话一定是指他对着章廷谦开的玩笑话。鲁迅和章廷谦交情颇深,一则是乡党,再则是鲁迅的学生,三则是鲁迅和周作人分开以后,章廷谦和周作人交往也很密切,所以,鲁迅总是从章廷谦这里得知很多周作人的消息。

这样的交情,自然是可以说些酒话的。章廷谦谈恋爱的时候,嘴上的胡子留了一撮,鲁迅有一次赠书给章廷谦,故意写上:"送给亲爱的一撮毛哥哥。"据说,这一撮毛哥哥,就是章的老婆斐君称呼的。鲁迅的酒话看来和喝酒无关,而是和他自己的天性有关。

只是,一九二六年十月二十三日晚上,酒后的鲁迅先生,寂寞深极,向远方的爱人说了一番别人的坏话以后,不大过瘾,复又向章廷谦复述。这实在不大光明磊落,好在这两个人都是值得托付的朋友。鲁迅对于顾颉刚的骂,则很快便传到了顾颉刚的耳朵里,两个人的战斗不久便打响了。

---

① 《鲁迅书信集·上》,人民文学出版社1976年版,98页。

之二十三　顾颉刚，两地书中鲁迅憎骂的人

鲁迅在创作一系列神话作品中的一部《理水》时，还虚构了类似于厦门大学或者中山大学的一个环境，并虚构了一个同样吃吃地说话，一说话鼻子便会通红的学者，这个学者这样说："你们是受了谣言的骗的。其实并没有所谓禹，禹是一条虫，虫虫会治水的吗？……"

鲁迅和他的同事陈源的争吵持续的时间并不久,然而,在两地书中,有一个自称只佩服陈源和胡适的人,却被鲁迅不止一次地辱骂。

在初版的《两地书》中,鲁迅这些孩子气甚至有些天真的辱骂并未被删除,这更是让人无法理解的。而被骂的人自然是胡适的学生,和鲁迅同时接到林语堂的聘书进入厦门大学当教授的顾颉刚。

受到林语堂邀请的有鲁迅、沈兼士、顾颉刚、孙伏园、章廷谦等人。刚到厦门大学给许广平写的第一封信里,鲁迅就不点名地说到了顾颉刚:"此地四无人烟,图书馆中书籍不多,常在一处的人,又都是面笑心不笑,无话可谈,真是无聊之至。"刚到厦门大学时,鲁迅和顾颉刚等人一起住在生物学院的楼上,一起包饭吃。而此时的鲁迅已经非常厌恶顾颉刚,顾颉刚却并不知道,大约还有事没有事地找鲁迅说话。面笑心不笑,自然是鲁迅对他的猜测。

到厦门大学后给许广平写的第二封书信里便开始对顾颉刚进行恶言相述了:"在国学院里,朱山根是胡适之的信徒,另外还有两三个,好像都是朱荐的,和他大同小异,而更浅薄,一到这里,孙伏园便要算可以谈谈的了。我真想不到天下何其浅薄者之多。他们面目倒漂亮的,而语言无味,夜间还要玩留声机,什么梅兰芳之类。我现在唯一的方法是少说话;他们的家眷到来之后,大约要搬往别处去了罢。"①

刚到厦门大学的那个月末,即 1926 年 9 月 30 日,鲁迅在给许广平的信中又谈起了顾颉刚,这次是实实地进行恶意猜测了:"此地所请的教授,我和兼士之外,还有朱山根。这人是陈源之流,我是早知道的,现在一调查,则他所荐之人,在此竟有七人之多,玉堂与兼士,真可谓胡涂之至。此人颇阴险,先前所谓不管外事,专看书云云的舆论,乃是全都为其所欺。他颇注意我,谈我是名士派,可笑。"②

后来的 11 月初,孙伏园请假到了广州中山大学,但是顾颉刚推荐到国学院来代替孙伏园课程的老师已经到了,先是住在了南普陀寺,因为孙伏园在那个寺院里也有课程,大约每月可得五十元钱。顾颉刚在学校里宣传孙伏园假期到了仍然未回,大约是不想回来上班了。鲁迅在致许广平的信中写道:"从昨天起,朱山根已在大施宣传手段,说伏园假期已满(实则未满)而不来,乃是在那边已经就职,不来的了。今天又另派探子,到我这里来探听伏园的消息。我不禁好笑,答得极其神出鬼没,似乎不来,似乎并非不来,而且立刻要来,于是乎终于莫名其妙而去。你看现代派下的小卒就这样阴鸷,无孔不入,真是可怕可厌。"③

① 《两地书·四二》,人民文学出版社 1973 年版,105 页。

② 《两地书·四八》,人民文学出版社 1973 年版,119 页。

③ 《两地书·六八》,人民文学出版社 1973 年版,169 页。

除了在《两地书》温存的缝隙里骂顾颉刚之外，鲁迅在致信章川岛和孙伏园时，也多有提到顾颉刚，而且每次必骂，同样的，不称顾颉刚的名字，而只称呼顾的一个部位。顾颉刚相貌不佳，有一个酒糟红鼻子，看来不雅。然而，鲁迅在信中屡屡称顾为"朱山根"或者"红鼻"。这实在不像一个正人君子所为。更何况，鲁迅本人对拿别人的身体缺陷进行攻击的行为曾经非常厌恶，并撰文予以抨击。当年俄国盲诗人爱罗先珂在鲁迅家里居住时曾经写过一篇批评北大学生演戏的文章，引来了魏建功的一篇带有人身攻击的文章，魏建功的文章大意说爱罗先珂是一个盲人，盲人看戏实在是瞎看，评价自然也是荒唐。作者故意在"看"、"观"、"盲从"等字上大做文章，鲁迅很是恼火，写了《看魏建功君〈不敢盲从〉以后的几句声明》。在文中，鲁迅怒斥这种利用别人生理缺陷对其进行攻击的人，是"生长在旧的道德和新的不道德里，借了新艺术的名而发挥其本来的旧的不道德的少年"。

按理说，已经批评过别人的人身攻击了，为何自己又频频地对顾颉刚进行人身攻击呢？关键是，当时的顾颉刚并不知道鲁迅在憎恨他，因为自己要写一篇有关《封神榜》的历史资料，由于图书馆的书太少，顾颉刚还求助于鲁迅，让鲁迅托日本的朋友查找。为此，顾颉刚还送了一本自己的著作给鲁迅，仿佛两人并没有间隙。

然而，他们的间隙早在北京时期就已经形成了。因为许广平(被开除)的关系,1925年5月27日,鲁迅与沈尹默、钱玄同、沈兼士、周作人、马裕藻、李泰芬等七名教员在《京报》发表《对于北京女子师范大学风潮宣言》,声援学生。而同时,陈源在《现代评论》上以"闲话"名义,发表《粉刷毛厕》等文章,为校长杨荫榆开脱,指责鲁迅暗中挑动风潮,由此引发一场激烈论战。随着论战深入,论战变成了人身攻击。1926年1月30日,陈源在《晨报副刊》上发表《闲话的闲话之闲话引出来的几封信》,公开指责鲁迅:"他常常挖苦别人家抄袭……可是他自己的《中国小说史略》却就是根据日本人盐谷温的《支那文学概论讲话》里面的《小说》一部分,其实拿人家的著述做你自己的蓝本,本可以原谅,只要你书中有那样的声明,可是鲁迅先生就没有那样的声明……"又在《剽窃与抄袭》一文中指责"思想界的权威"鲁迅"整大本的剽窃"。这种人身攻击自然引起鲁迅激烈反击。1926年2月8日,鲁迅在《语丝》周刊第65期上发表《不是信》,针锋相对地反驳说:"盐谷氏的书,确是我的参考书之一,我的《小说史略》二十八篇的第二篇,是根据它的,还有论《红楼梦》的几点和一张《贾氏系图》,也是根据它的,但不过是大意,次序和意见就很不同。其他二十六篇,我都有我独立的准备,证据是和他的所说还时常相反。"

　　然而陈源是一个地道的留美学者,对日本盐谷温是谁都不清楚,他是如何得知鲁迅"抄袭"日本人的呢,自然,顾颉刚同学在音乐声中出场了。顾颉刚大约在图书馆里看到了日本盐谷温著述的《支那文学概论讲话》一书,觉得此书比鲁迅的《中国小说史略》要早,甚至,有个别章节的名目也颇相似。觉得鲁迅定是受了此书的影响,或者是以此书为参考书,那么,学术著作按照规矩,参阅了资料都是要注明的。顾颉刚发现鲁迅印行的《中国小说史略》只字未提日本盐谷氏的作品,便在陈源和鲁迅正激战的时候提供了这一线索给陈源,果然,陈源当晚便写了文章辱骂鲁迅。作为点火者,顾颉刚始终胆怯地躲藏在黑夜里,等着炮竹的炸响呢。

顾颉刚晚年回忆和鲁迅的矛盾的时候,还故意隐藏了这一重大的玄机,他在1973年补充日记时,这样写道:"林语堂来信嘱换聘书改为史学研究教授。予骇问其故,则谓自《古史辨》出版后,学术地位突高,故称谓亦须改变。然此时引起潘家洵的嫉妒,渠与我同住十年,且谈话最多,我之所作所言,无所不知,厦大本只请我,而他……未得延聘也,瞰我何日上海上船,即束装以俱登。我性不绝人,到厦后即为向……林语堂介绍,林氏以为其为素识,乃照北大例给以讲师头衔。这一来就使得他火高三丈,与我争名夺利起来,称我曰'天才'又曰'超人',逢人就揭我的短(我一生未做过良心上过不去的事,但仗着他的能言善道,好事也就变成坏事)。值鲁迅来,渠本不乐我,闻潘言,以为彼与我同为苏州人,尚且对我如此不满,则我必为一阴谋家,惯于翻云覆雨者,又有伏园川岛等从旁挑剔,于是厌我愈深,骂我愈甚矣。"

孙伏园在一旁说他坏话的可能性不大,章川岛是有可能的,因为章川岛后来也听说顾颉刚劝林语堂不要聘请他来厦门大学。

鲁迅离开厦门大学到中山大学以后,日子曾经比较单纯,然而,大概过了两三个月的安稳日子之后,顾颉刚便要到中山大学来任教。鲁迅大为恼火,对傅斯年说:"他来,我就走。"

顾颉刚1927年4月17日到广州,鲁迅竟然真的不上课了,4月20日,鲁迅就提出了辞呈。当时鲁迅在学生中的影响很大,学生为了能留住鲁迅,连续罢课三天。中山大学校方为了缓解矛盾,决定派顾颉刚到外地给学校购书,来避开鲁迅的厌恶,可是鲁迅去意已决,还是递上了辞呈。不久,孙伏园编的武汉《中央日报》副刊上登出一封鲁迅致他自己的信,信中说:"我万想不到那个攻击民党使兼士愤愤的顾颉刚竟到中大来了!中山大学是国民党的大学,会得延请了顾颉刚,真是'天下老鸦一般黑',所以我只得退了出来。"信中措词依旧如舞台上的老生一般,幽默暗藏于老辣之中。

1927年5月30日,鲁迅致章廷谦信中说:"当红鼻到粤之时,正清党发生之际,所以也许有人疑我之滚,和政治有关,实则我之'鼻来我走'与鼻不两立,大似梅毒菌……"。6月23日致章廷谦信中说:"中大又聘容肇祖之兄容庚为教授,也是口吃的。广东中大,似乎专爱用口吃的人。"

此时鲁迅先生已经从红鼻攻击到口吃了,实在是有些过度的"睚眦必报"了。

当时顾颉刚正在杭州购书,看到报纸大怒,给鲁迅写了一封信表示"要在法庭上辩一个黑白",通过法律解决彼此争端。1927 年 7 月 24 日,顾颉刚给鲁迅写了一封信:

鲁迅先生:

颉刚不知以何事开罪于先生,使先生对于颉刚竟作如此强烈之攻击,未即承教,良用耿耿。前日见汉口《中央日报副刊》上,先生及谢玉生先生通信,始悉先生等所以反对颉刚者,盖欲伸党国大义,而颉刚所作之罪恶直为天地所不容,无任惶骇。诚恐此中是非,非笔墨口舌所可明了,拟于九月中回粤后提起诉讼,听候法律解决。如颉刚确有反革命之事实,虽受死刑,亦所甘心,否则先生等自负发言之责任。务请先生及谢先生暂勿离粤,以俟开审,不胜感盼。

敬请大安,谢先生处并候。

鲁迅收到信以后,立即复了信,内容淡定且幽默。

颉刚先生:

来函谨悉,甚至于吓得绝倒矣。先生在杭盖已闻仆于信八月须离广州之讯,于是顿生妙计,命以难题。如命,则仆尚须提空囊赁屋买米,作穷打算,恭候偏何来迟,提起诉讼。不如命,则先生可指我为畏罪而逃也；而况加以照例之一传十，十传百乎哉？但我意早决，八月中仍当行，九月已在沪。江浙俱属党国所治，法律当不粤不异，且先生尚未启行，无须特别函挽听审，良当如请即就近在浙起诉，尔时仆必到杭，以负应负之责。倘其典书卖裤，居此生活费綦昂之广州，以俟月余后或将提起诉讼，天下那易有如此十足笨伯哉！《中央日报副刊》未见；谢君处恕不代达，此种小傀儡，可不做则不做而已，无他秘计也。此复，顺请

著安

鲁迅[①]

两人客气地又问又讽刺，若不知鲁迅顾颉刚二人的恩怨全过程，还以为两个人在比赛着幽默。鲁迅在此信发出后的第二天，即 1927 年 8 月 2 日，鲁迅在致江绍原信中又谈到此事："鼻盖在杭闻我八月中当离粤，昨得一函，二十四写，二十六发，云：九月中当到粤给我打官司，令我勿走，'听候开审'。……实则他知我必不恭候，于是可指我畏罪而逃耳。因复一函，言我九月已在沪，可就近在杭州起诉云……鼻专在这些小玩意上用工夫，可笑可怜，血奔鼻尖而至于赤，夫岂'天实为之'哉。"

钱玄同对鲁迅的评价非常中肯："鲁迅常常因为厌恶一个人进而厌恶这个人的朋友。"鲁迅因为厌恶陈源，也一并把陈源的

---

① 汪修荣《民国教授往事》，河南文艺出版社 2008 年版。

136

朋友通通地厌弃了，徐志摩、李四光、沈从文等等都是和陈源胡适交往甚密的人，这些人统统被鲁迅所厌恶。

然而，虽然厌倦，鲁迅对真正的作品并不会因人而废文，譬如当记者采访鲁迅，让他推荐作品的时候，他就曾经推荐过沈从文的作品。他的心胸并不狭窄，不至于因为厌恶一个人而把他的文章也全部否定了。然而顾颉刚却是个另类，鲁迅不但厌恶他的人，连他的文章也一并嘲笑了。鲁迅在1926年11月21日给章廷谦的信中曾经写道："其实呢，这里（厦门大学）也并非一日不可居，只要装聋作哑。我的脾气不太好，吃了三天饱饭，就要头痛，加以一卷行李一个人，容易作怪，毫无顾忌。你们两位就不同，自有一个小团体，只要还他们应尽的责任，此外则以薪水为目的，以'爱人呀'为宗旨，关起门来，不问他事，即偶有不平，则于回房之后，夫曰：某公是畜生！妇曰：对呀，他是虫豸！闷气既出，事情就完了。我看凡有夫人的人，在这里都比别人和气些。顾公太太已到，我觉他比较先前，瘟得多了，但也许是我的神经过敏。"①

这短短的一段已经无限地绽放了鲁迅文字的匕首的功能，因为顾颉刚是考据历史学，他曾经考证出大禹是一个虫豸。所以，鲁迅便用夫妇对话的形式又一次辱骂了顾颉刚是畜生，是虫子。这实在是幼稚得很。

① 《鲁迅书信集·上》，人民文学出版社1976年版，110页。

　　1927 年 10 月，新学期开学的时候，鲁迅已经离开了中山大学，顾颉刚则是刚刚返校，两个人的官司自然是不知后事如何而止。可是，两个人的恩怨并没有至此结束。一直到 1935 年 11 月，鲁迅在创作一系列神话作品中的一部《理水》时，还虚构了类似于厦门大学或者中山大学的一个环境，并虚构了一个同样吃吃地说话，一说话鼻子便会通红的学者，这个学者这样说："你们是受了谣言的骗的。其实并没有所谓禹，禹是一条虫，虫虫会治水的吗？……"若是看过了《两地书》的读者，在读这部小说时，一定会哈哈地笑起来。是啊，这部小说中的鸟头先生、口吃、鼻红等与鲁迅屡屡憎骂的顾颉刚联系起来，实在是有些计较和有损文字艺术。后来顾颉刚并未作出强烈的反应，这使得鲁迅颇有些失落，觉得自己或许真有些过分了，他曾在与友人的通信中承认自己《故事新编》中的一些小说不免失之油滑。其实指的就是这篇《理水》。

之二十四　鲁迅的无赖

我所住的这么一座大洋楼上，到夜，就只住着三个人，一张颐教授（上半年在北大，似亦民党，人很好），一伏园，一即我。张因不便，住到他朋友那里去了，伏园又已走，所以现在就只有我一人。但我即可以静坐着默念ＨＭ，所以精神上并不感到寂寞。

秋天总是会带来枯黄的东西，比落叶更轻的，更不易察觉的，是人的浮躁而低落的情绪。大概是工作太忙太累了。1926年10月21日这一天，许广平感觉无比的伤感。在书信里，她掩饰不住，泄出了这些绝望："MY DEAR TEACHER! 人是那么苦，总没有比较的满意之处，自然，我也知道乐园是在天上，人间总不免辛苦的，然而我们的境遇，像你到厦，我到粤的经历，实在也太使人觉得寒心。人固应该在荆棘丛中寻坦途，但荆棘的数量也真多，竟生得永没有一些空隙。"①

在荆棘途中寻坦途，的确是好的，但一定是艰苦的。要避开，要忍受，甚而还可能有危险。许广平被荆棘逼到了支撑不住的边缘。

在广州女子师大，除了课程以外，许广平主要的职责是训育处主任。然而，几天前，管理宿舍的舍监辞职不做了，校长便要许广平兼任。于是，白天要查学生宿舍的卫生清洁，晚上要查教室的自习以及宿舍的熄灯情况。信里罗列得仔细："七时至九时走三角点位置的楼上楼下共八室，走东则西不复自习，走西而南又不复自习。每走一次，稍耽搁即半小时，走三四次，即成了学生自习的时间就是我在兜圈子的时间。至十时后，她们熄灯全都睡觉了，我才得回房，然而还要预备些教课。"②

---

① 《两地书·六一》，人民文学出版社 1973 年版，155 页。
② 《两地书·六一》，人民文学出版社 1973 年版，154 页。

　　在原信中,还有一段被鲁迅删掉的情节,也能补充说明许广平情绪低落的原因:"今晚又是星期四,先想写信,后想等一两天接来信再写,后受刺激,所以向你发牢骚,一会儿要心平气和的,勿念。"①许广平所说的刺激是一件既疲倦又心累的事情。原来,她们学校的舍监(就是宿管老师)辞职后,并没有搬出学校,还在原来的房间里住。而星期四那天晚上,舍监外出会客,久未归校,到了该熄灯的时间了,仍然关不了灯,宿舍的开关在舍监的房间里。仆人睡得早,任许广平叫门,始终不开。许广平一会儿跑到各个宿舍安慰学生,一会儿又找来电工查找其他可以控制的开关,均不得要领,累得直喘气,然而事情没有解决。一个人跑上跑下,仍然听到学生埋怨,自然很难过。

　　忙碌是荆棘的一个方面,而生活中又有更多的事情。许广平回到广州之后,有些并不太亲近的亲戚常常来找她帮忙,借钱、诉苦,比赛一样地在许广平面前晾晒她们的贫穷与不幸。这自然让许广平不能拒绝。本来许广平收入颇少,不知怎么传到乡邻耳中,便成了她是个月入二三百元的教授,是个富翁。这真是要命得很,每天累得要死的许广平一个月才不过收入三十几元大洋,却硬被冤枉成富翁,她不得不拿出钱包来哭穷了,不然,无法应付这些没完没了的穷亲戚的纠缠。

　　欠的工资不知何时才能派发,然而仍然有两三个亲戚预约

---

① 《鲁迅作品全编·两地书》,浙江文艺出版社 2000 年版,510 页。

要来借钱,该如何解决呢,她一时间还没有想好。正是在这样的情形下,许广平写了这封情绪低落的信。

恋爱中的女人往往如是,一点小挫折便会遮住眼睛,只见树木不见森林起来。果然,第二天收到了鲁迅的信件,她心情愉悦起来,像是换了一个人似的。

然而,正当许广平在楼下楼上不停奔跑的时候,鲁迅却像无聊的孩子一般在恶作剧。10月28日下午,大约正是上课的时间,校园里很是安静。鲁迅从外面回来,在楼后面的一小片花圃前,鲁迅突然有了恶作剧的兴致。前些日子,这条路上经常有小蛇出入,横穿马路的姿势熟练,见了人并不怕,仿佛那是它们的地盘。鲁迅大约是怕以后会被那些小蛇追逐,看到眼前花圃四周缠绕着带刺的铁丝,高度刚刚高过膝盖,便起了跳过去的心思。年轻时鲁迅在日本学医时练过两天马步,跳高是跳过的。但多年不运动了,他不知自己能否跳过去。看看四周又没有人,鲁迅在心里数了一下数字,助跑了几步,一用力,就跳了过去,时年四十五岁的鲁迅先生,英雄地跳进了花圃里,然而毕竟力气不足,铁丝刺破了鲁迅的小腿和膝盖。幸好已经中秋,鲁迅穿了一件布料稍厚的裤子,伤并不深,但是出了一点血。之后他上楼梯时,粗厚的布料磨擦到伤口,仍隐隐地作痛,晚饭后的例行散步也因此取消了。虽然在信里鲁迅反复地说晚上就没有事了,"一点没有什么",但是,那天晚上,他便不到楼下的草坪上去尿尿了,没有办法,他只好尿在一个瓷唾壶里。

尿在一个盆子里,白天倒尿盆自然不大方便,鲁迅的做法是这样的:"看夜半无人时,即从窗口泼下去。这虽然近于无赖,但学校的设备如此不完全,我也只得如此。"①

信写到这里,鲁迅已经自称"无赖"了。

在《两地书》出版时,有一些片断被鲁迅先生删除了,其中就包括 1926 年 10 月 14 日许广平致鲁迅的信中的片断:"这些东西我多不认识,管他妈的,横竖武昌攻下了,早晚打倒北京,赏他们屁滚尿流。"②许广平的这一段粗鲁而私密的话是指自己的母校的事,女师大换了新面孔又重新招生,自然依旧是章士钊的一系。

正是见到许广平如此放肆又亲昵地向他释放内心的郁闷,鲁迅才在书信里释放了自己的无赖。

在向窗外倒尿盆之前,鲁迅已经开始在校园的任一处随地小便了。因为厕所实在是过于遥远了,天天去旅游,再好的风景也会腻烦的,所以,他只好能少走一步便少走一步了。

孙伏园是他的学生、朋友、邻居,然而在书信里,鲁迅常常调侃他。在 10 月 23 日致许广平的信中写道:"上遂的事,除嘱那该死的伏园面达外,昨天又和兼士合写了一封信给孟余他们,可

做的事已做,且听下回分解罢。"①

在这段话里,伏园的"该死"自然是他不分舵向的盲目热情,帮着顾颉刚们介绍厨师,结果让鲁迅替他受累。然而在 10 月 28 日致许广平的信中,又写道:"伏园已有信来,云船上大吐,他上船之前吃了酒,活该。现寓长堤广泰客店,大概我信到时,他也许已走了。"②

虽然,对于孙伏园鲁迅总是很关切,而且这两段话里的责备都并不是恶意的,有些调侃,甚至有些亲近,才会这样写。但是,另一方面,也透露鲁迅的孩子气,以及无赖。

无赖也不过一种人性的即时状态,就像鲁迅在自己的一篇《题未定》的文字里写勇士:"譬如勇士,也战斗,也休息,也饮食,自然也性交,如果只取他末一点,画起像来,挂在妓院里,尊为性交大师,那当然也不能说是毫无根据的,然而,岂不冤哉。"

鲁迅虽然也像个孩子一样要耍无赖,但内心依然还是温情的。有一句温情的话,在《两地书》正式出版时被删节了,实在是可惜,我特地翻了出来。如下:"我所住的这么一座大洋楼上,到夜,就只住着三个人,一张颐教授(上半年在北大,似亦民党,人很好),一伏园,一即我。张因不便,住到他朋友那里去了,伏园又已走,所以现在就只有我一人。但我即可以静坐着默念 HM,

① 《两地书·六〇》,人民文学出版社 1973 年版,152 页。
② 《两地书·六二》,人民文学出版社 1973 年版,159 页。

所以精神上并不感到寂寞。"①被删去的原因,自然是不便公开宣布自己在"静坐着默念 HM",待到两地书出版时,两个人已经天天在一起了,用不着默念了。

虽然无赖着,但却也温情,想来,依旧是恋爱的结果。

---

① 《鲁迅作品全编·两地书》,浙江文艺出版社 2000 年版,514 页。

之二十五　做文章呢，还是教书？

（一封天花乱坠的信）

我很想尝尝杨桃，其所以熬着者，为己，只有一个经济问题，为人，就只怕我一走，玉堂立刻要被攻击，因此有些彷徨。

广州大学改名为中山大学之后，副校长顾兆熊给林语堂、鲁迅和沈兼士同时发了电报，想邀请他们三个人到中山大学参与一个改制的会议，希望能提些具体的建议。本来说好了，林语堂患了小恙，要躺三四天，鲁迅便想和孙伏园一起去广州。想去广州，"小半自然也有些私心，但大半却是为公"。

鲁迅找到林语堂，告诉他说："中山大学既然很诚恳地来信要和我们商议，我们应该帮点忙，而且厦门大学也不能过于闭关自守，除了中山大学之外，以后也要与其他大学多联系，加强学术及其他各方面的交流。"

林语堂一听，深以为然，让鲁迅和孙伏园先去看看情况，若真需要林语堂去的话，再急发电报即可。然而，两天后，林语堂突然来找鲁迅，告诉他，若是去中山大学的话，必须要到校长林文庆那里请假。鲁迅很是诧异，普通教员请假，一向是向主任请假便可以了。林语堂特地来告诉他这些，自然是不想他去。鲁迅有些生气了，顿了顿，对林语堂说，我不去了。

连一小半的私心也没有能满足，这大大增加了鲁迅对厦门大学的厌恶。于是在十月二十日的信中牢骚着说："现代评论派的势力，在这里我看要膨胀起来，当局者的性质，也与此辈相合。理科也很忌文科，正与北大一样。"①

鲁迅的牢骚许广平看在心里，也急在心里。许广平坐在办

---

① 《两地书·五八》，人民文学出版社 1973 年版，146 页。

公室里的桌子发了半天呆,该打饭了,同事在门外叫她,也没有听到。然而,鲁迅的信一直没有来,一直到下午下课以后,她才看到桌子上的信。许广平把刚刚打好的饭放到桌子上,忍住饥饿阅读鲁迅的生活,希望能有合适的药剂治疗自己的疲倦。

然而也没有,看到鲁迅在信里问自己的钱够不够用,许广平便坐在那里回信。饭已经凉了,她打开来,吃了几口,又接着写:"用度自然量入为出,不够也不至于,我没有开口,你不要用对少爷们的方法对付我,因为我手头愈宽,应付环境就愈困难,你晓得吗?我甚悔不到汕头去教书,却到这里来,否则,恐怕要清静得多。"①

办公室的墙上有一面中国地图,许广平站起身来,看了看汕头到厦门的距离,终是比广州近多了,暗暗叹息一声,心里说,若是去了汕头,多好。

接下来,许广平第一次表达了让鲁迅也到广州来的想法,这样终是可以近一些,想握手便握手,想亲吻便亲吻,总比这样煎熬着好。"中山大学(旧广大)全行停学改办,委员长是戴季陶,副顾孟余,此外是徐谦,朱家骅,丁维汾。我不明白内中的情形,所以改办后能否有希望,现时也不敢说,但倘有人邀你的话,我想你也不妨试一试,从新建造,未必不佳。我看你在那里实在勉

---

① 《两地书·六一》,人民文学出版社 1973 年版,156 页。

强。"①

这封信写完之后,便接到鲁迅的来信,果然,中山大学邀请了鲁迅。她有些暗暗地惊喜,回信的时候反复地劝说鲁迅能来:"这里既电邀你,你何妨来看一看呢。广大(中大)现系从新开始,自然比较的有希望,教员大抵新聘,学生也加甄别,开学在下学期,现在是着手筹备。我想,如果再有电邀,你可以来筹备几天,再回厦门教完这半年,待这里开学时再来。广州情形虽云复杂,但思想言论,较为自由,'现代派'这里是立不住的,所以正不妨来一下。否则,下半年到哪去呢?上海虽则可去,北京也可以,但又何必独不赴广东?这未免太傻气了。"②

写这封回信的时候,手头的事情并未处理完毕。许广平当时已经换了新办公地点,然而却仍住在旧校区的宿舍里。办公室里有办不完的事情,接待不完的人,和没完没了的课程。许广平就趁着中午回住处取东西的间隙写了这一封信。反复地表达,就是想让鲁迅马上来看一下:"总之,你可打听清楚,倘可以抽出一点工夫,即不妨来参观一趟,将来可做则做,要不然,明年不来就是了。"

写到这里,又想到上封信里,自己的忙碌和难过,怕信里的内容影响到鲁迅。又连忙补充说:"我所说我的困难情形,是我

---

① 《两地书·六一》,人民文学出版社 1973 年版,156—157 页。
② 《两地书·六三》,人民文学出版社 1973 年版,160—161 页。

那女师所特有的,别的地方却不如此。"这意思再明显不过,怕鲁迅以为中山大学也是一样的忙碌和疲倦。

要说的内容仿佛还没有写完,但闹钟响了,下午学校还有一个会议。许广平必须要停了,洗把脸把信收拾好。又摊开来,加下了一句:"我这信,也因希望你来,故说得天花乱坠,一切由你洞鉴可矣。"

10月27日午休的时候,许广平仍然是借口到住处取东西,才能安静地写一封短信。在信里,许广平又一次比较了中大和厦大:"以中大与厦大比较,中大较易发展,有希望,因为交通便利,民气发扬,而且政府也一气,又为各省所注意的新校。你如下学期不愿意再在厦大,此处又诚意相邀,可否便来一看。但薪水未必多于厦大,而生活及应酬之费,则怕要加多,但若作为旅行,一面教书,一面游玩,却也未始不可的。"①

两天后,鲁迅收到了许广平写于23日的那封天花乱坠的信,马上回了信。因为之前已经在信里说明了自己不能和孙伏园一起前来的原因。这次依旧坚持暂时不到广州去。鲁迅的不来,也有他实际的情况,厦门大学的课程刚开始不久,而鲁迅因为自己的原因又请假了三周时间,所以说,他自己不过才上了一个月的课。另外的原因是,中山大学仍然在筹备中,开学要等到第二年的三月,所以,若是决定到广州去,学期结束以后也不迟。

---

① 《两地书·六五》,人民文学出版社1973年版,164页。

在信中，鲁迅还特地提到杨桃，这是许广平在以往的信中偶有提及的一种水果，呈五角星的模样。鲁迅说："我很想尝尝杨桃，其所以熬着者，为己，只有一个经济问题，为人，就只怕我一走，玉堂立刻要被攻击，因此有些彷徨。"[①]

鲁迅彷徨的原因不仅仅是因为林语堂，这只是一种说辞。

1926 年 11 月 1 日晚上，鲁迅给许广平写第二封信，中午的时候，已经写了长长的一封，说了一些厦大现在的情形。晚上的时候，寂寞了，他取了笔和纸，又接着写今后的打算："但我对于此后的方针，实在很有些徘徊不决，那就是：做文章呢，还是教书？因为这两件事，是势不两立的：作文要热情，教书要冷静。兼做两样的，倘不认真，便两面都油滑浅薄，倘都认真，则一时使热血沸腾，一时使心平气和，精神便不胜困惫，结果也还是两面不讨好。看外国，兼做教授的文学家，是从来很少有的。我自己想，我如写东西，也许于中国不无小好处，不写也可惜；但如果使我研究一种关于中国文学的事，大概也可以说出别人没有见到的话来，所以放下也似乎可惜。但我想，或者还不如做些有益的文章，至于研究，则于余暇时做，不过倘使应酬一多，可又不行了。"[②]

是啊，鲁迅到了厦门大学以后，首先是因为没有什么刺激而

---

① 《两地书·六四》，人民文学出版社 1973 年版，162 页。

② 《两地书·六六》，人民文学出版社 1973 年版，166 页。

写不出东西来，其次，又因为离北京远了，吃食不好，住处多是蚊子，一起住的人都是面笑心不笑，最重要的是，还有一些屡屡为难自己的陈源之流在这里拉帮结派，让他变得郁闷又寂寞。所有这些都让他觉得，自己在厦门大学荒废了太多的时间，教书使得自己几乎丢弃了写作。然而如果放弃厦门大学到广州中山大学去，是不是也是如此？而且从孙伏园的信里，鲁迅得到的信息是，中山大学的课时比厦门大学要多得多，这样岂不是更没有时间写作。

　　所以，他在那里反复地徘徊，做文章呢，还是教书？这是一个选择。

之二十六　小闲事

马又要发脾气，我也无可奈何。事情也只得这样办，索性解决一下，较之天天要对付，劳而无功自然好得多。叫我看戏目，我就看戏目，在这里也只能看戏目，不过总希望不要太做得力尽神疲，一时养不转。

1926 年 10 月 29 日下午，即将吃饭的时候，许广平正在宿舍里，看刚刚收到鲁迅寄来的《域外小说集》，扉页上照旧写着调皮的字，请"广平兄垫东西"之类。这个时候，孙伏园和毛子震来敲门了。毛子震是个医生，大概和北京女师大颇有些渊源，当年刘和珍受伤的时候，他曾经去诊过脉，当时自然也是见过许广平的。作为六匹害群之马的头目，许广平应该比刘和珍更让人印象深刻。

大石街旧校不远的地方有一家叫做玉醅春的饭店，许广平便和孙伏园、毛子震到这里吃饭。许广平讲白话讲习惯了，见到他们也照样说了一大通热情的话，结果发现两个人愣在那里，一脸的尴尬，这才想起他们是"外江佬"，听不懂广东话。她便用普通话，把刚才的话又重复了一遍，三个人大笑。

广东菜偏淡，孙伏园自然吃不惯，一直不停地往菜肴里加酱油，孙伏园喜欢喝酒，每一次总是见底，这让许广平十分吃惊。但是他吃饭却拘谨得很，像个文绉绉的小姐一样。一餐饭吃完了，花了六元六角钱，颇顺利的数字。

鲁迅这些天一直在犹豫彷徨着，11 月 3 日大风，出不了门，便在房间里看北京新寄来的杂志。杂志上有一篇叫做《阶级与鲁迅》的文章，作者是上海大学的一个女学生，叫做曹轶欧。文章写到了鲁迅在北京的大街闲走，却穿着一件洋布大衫。为了证明不是杜撰，还专门在文章的后面加了注释："这是我的朋友 P 京的女校生 HM 亲口对我说的。"这句话让鲁迅大吃一惊，以为自己和许广平的通信内容被别人偷看了。不然这 HM 的称呼怎么会被别人用到，而且一模一样。

晚上大风，实在是大得很，鲁迅觉得无聊，便又给许广平写信，开头便写道："昨天刚发一信，现在也没有什么话要说，不过有一些小闲事，可以随便谈谈。我又在玩——我这几天不大用功，玩着的时候多——所以就随便写它下来。"①

小闲事就是说说自己的衣食住行中所遇到的好笑事。

第一件小闲事便是自己的阶级问题，在这个小闲事里，鲁迅反复地疑惑女校生 HM 是不是指北京女师大的许广平，那么，HM 的意思便是和他们通信中私密所用的意思是一样的。

第二件小闲事更是好玩。有一个留学日本的中国留学生拜访盐谷温氏的时候，大约是为了虚荣，自称是鲁迅的特别代表，专门地去拜访盐谷温。自然得到了盐谷温热情的接待。该留学生向盐谷温索求他的《三国志平话》专著，结果这本新书尚未印好，便没有获得。然而，这个留学生怕盐谷温事后直接将书寄到中国来，最后将事实真相弄穿了——他不是鲁迅的特别代表，便托了郑振铎写信给鲁迅，要鲁迅立即追认他为鲁迅先生在日本的特别代表。郑振铎在信里引用了留学生的原话："否则，于中国人之名誉有关。"鲁迅觉得很是好笑，想不到中国人的名誉要靠他替一个年轻人说谎来维护。

---

① 《两地书·六八》，人民文学出版社 1973 年版，168 页。

第三件小闲事,是顾颉刚推荐的一个骗子到厦门大学的国学院任职,这个人是胡适的秘书——其实连秘书也不算,只不过是替胡适抄写东西的。顾颉刚为了推荐成功,让此人冒充清华大学的研究生,结果被拆穿,自然失败了。但是这个假研究生还是来到了厦门,先住在南普陀寺,主要是替孙伏园上课。孙伏园原来在南普陀寺有个月入五十元钱的兼职,现在孙伏园请假到广州未回,课一直拖着不上,顾颉刚估计着孙伏园不一定回来了,便让此人先来到厦门,五十元钱虽然少了一些,但基本的生活费用也勉强够了,再加上厦门大学以后的课程,大可舒舒服服地度日了。好玩的是,孙伏园的假期还有两天未满,顾颉刚便开始制造谣言,说孙伏园假期满了而不回来,大致是要在中山大学教书了。甚至还派人到鲁迅处打探孙伏园的消息,结果鲁迅用一个太极推手的方式回答了他。

小闲事讲到这里,夜已经极深,风仍然很大。天一亮鲁迅便到邮政所去看信,果然看到许广平 30 号的信。鲁迅看了一下时间,心有大快乐,这封信只用了四天时间,信竟然来得快了,大概是风大,船也顺风快了许多。

许广平的信里说得也是一些小闲事:请孙伏园吃饭,喝酒,孙伏园竟然规矩地吃饭,每挟一口菜竟然还放一下筷子,鲁迅看到这里,笑了,心里暗笑个人日常行为在陌生人面前完全可以隐蔽起来。孙伏园和鲁迅在一起吃饭时可不是这个样子,是已经北方化了的方式,大口吃肉,大杯喝酒的风格。

　　许广平的小闲事还有一桩,便是带领学生闹风潮。这一桩小闲事被许广平描绘得大义凛然,鲁迅读罢,颇为欣赏:"今日本校学生召集大会,手续时间都不合,我开始限制并设法引导别的学生起首反抗,自后或引起风潮,好的方面则从此把右派分子打倒,否则我去,去是我早已愿意的,人要做事,先应了可去的心,才有决心与勇气,无论如何,成则学校国家之福,否则我走也没什么……这回做事外面也有帮助,他们右派也不弱,也许旗鼓相当,你在城上看戏,待我陆续开出戏目吧。"①

　　一场轰轰烈烈的学生运动,被许广平当作小闲事这样一说,颇有些豪情满怀。对此鲁迅也是赞成的:"马又要发脾气,我也无可奈何。事情也只得这样办,索性解决一下,较之天天要对付,劳而无功自然好得多。叫我看戏目,我就看戏目,在这里也只能看戏目;不过总希望不要太做得力尽神疲,一时养不转。"②

　　还有一件更为好笑的事情,是许广平先在信里提到的。许广平请孙伏园与毛子震吃饭,席间自然谈及广州及厦门食物的区别。许广平大约是想关心一下鲁迅到底吃得怎么样,孙伏园也是了解许广平的心理的,故意夸耀他和鲁迅现在所用的听差(厨师或者杂役)。孙伏园说那个听差不仅厨艺好,而且人品也好,常常记得住主人家的爱好,做饭清扫都用得舒心,还知道替

---

①　《鲁迅作品全编·两地书》,浙江文艺出版社 2000 年版,520 页。
②　《两地书·六八》,人民文学出版社 1973 年版,169 页。

主人家省钱。甚至还同意跟着鲁迅和孙伏园走,离开厦门到其他城市也答应。许广平觉得若是有如此可靠的听差,不妨对他好一些,时间久了可以考虑带到广州来,长期使用。鲁迅便只好在回信里解释此名名字叫做春来的听差,初到的时候的确是很好。但是自从孙伏园给春来的朋友介绍工作后,春来便忙得很,因为春来的朋友遇到的几个厦门大学的老师挑剔一些,而恰好春来的这几个朋友厨艺不大好,过了一个月以后,厦大的老师不付钱。春来不得顶了这几个朋友的缺,天天忙得不亦乐乎,鲁迅和孙伏园便很少再能见到他了。但饭还是会按时送来,不过是做好的饭,分好多家,这大约便是早期快餐公司的雏形。

大概是因为听差做的人家的饭多了,本钱不够,便要让鲁迅和孙伏园预支一个月的包饭钱,这还不算。最好玩的是,孙伏园临走的时候对春来说了,我虽然走了,但是这个月的包饭钱,我回来还会照付的。结果,孙伏园走了便忘记这事了。这钱自然由鲁迅来垫付。除了预支的,再加上垫付的,一个月五十块大洋,却只享受了早上的一盆脸水,吃两顿饭。

小闲事在信里写完了,便开始孩子气起来:"明天是季刊交稿的日期,所以昨夜我写信一张后,即动手做文章,别的东西不想动手研究了,便将先前弄过的东西东抄西撮,到半夜,今天一上半天,做好了,有四千字,并不吃力,从此就预备玩几天;默念一个某君,尤其是独坐在电灯下,窗外大风呼呼的时候。"

默念,这的确是一件深情的事情,不但闲,而且悠闲。

之二十七　发牢骚的鲁迅先生

正因为在信里，许广平常常发一些牢骚，一会儿把鲁迅当作心理医生，倾诉苦衷，一会儿又把鲁迅当作学生，用以训斥，一会儿把鲁迅当作知音，用以爱慕和疼惜。所以，鲁迅便也在信里放下了掩饰，一会儿把许广平当作兄长，用来关心和问候，一会儿把许广平当作学生用来批评和教育，一会儿又把她当作ＨＭ，用来融化自己的固执。

在厦门大学，秋天，下午的时候，鲁迅总喜欢往邮局的方向散步，常常遇到谈恋爱的学生。那些学生们大约经常见到鲁迅先生，并不避开他，而是继续温存，这常常会给鲁迅一些小刺激。小饭馆在邮局的另一端，太阳刚好落下去，红红的霞光让他又想起了许广平，许广平的小名便唤作"霞"的。不仅如此，看到广州的船只，他会想到许广平，看到新闻中的女子师范大学，甚至某个学生的作品中用了 HM 两个字，也会想起许广平。恋爱中的鲁迅先生，并没有比别的人超脱，过于在意一个人的结果，必然会导致目光偏窄。

小饭馆里遇到一个同事，叫做容肇祖，他有一个满口广东话的太太。两个人用广东话争吵，抑或是交谈，鲁迅都听不懂。两个人见了鲁迅很是热情，一个人说起鲁迅用的那个包饭的厨师的事情，另一个人则说林语堂的哥哥在学校里做医生，态度很好。两个人的普通话很是勉强，鲁迅总是在他们说下一句话的时候，才听懂上一句的内容，如此下来，很是费听力，便只好笑笑，到一边点可以吃的东西。然而，容肇祖给鲁迅推荐一种叫做"桂花蝉"的食物，大约是水煮了的，像一只知了的形状，是一种昆虫，乡间的田里长见的。看起来很是吓人。鲁迅有些疑惑地看着那食物，容肇祖的妻子则则连连摇头，说那只虫子难吃死了，谁知道那虫子在被煮前是不是趴在一堆大便上。

两个人意见相左，便争吵起来。这让鲁迅感到很好玩。

之所以要到小饭馆里吃饭，是因为为鲁迅和孙伏园做饭的听差春来辞职不做了,原因是"厦门大学的厨房工作人员要打他"。

吃过晚饭以后的事情不多,窗外有大风,散步而不得,只好踅进室内默念某君。

复习许广平的信件也是常做的事情,许广平在两封信里都无比美化着广州,中山大学百废待兴,又加上离她近一些,可以照顾饮食。然而鲁迅所担忧的是,广州的认识他的少爷们很多,过不了几天,他就会像在北京一样地忙碌。中山大学的薪水少一些,他并不在意,他在意的是,功课偏多,而且做文章的事情也会多起来,再加上一些年轻人又会频频地送稿求他来改正,那么,他又要吃药做文章了。

鲁迅在信里的牢骚很是滔滔,随意掬来一束,1926 年 11 月 7 日晚上的信里写道:"听说每周最多可至十二小时,而作文章一定也万不能免,譬如伏园所办的副刊,就非投稿不可,倘再加上别的事情,我就又须吃药做文章了。在这几年中,我很遇见了些文学青年,由经验的结果,觉得他们之于我,大抵是可以使役时便竭力使役,可以诘责时便竭力诘责,可以攻击时自然是竭力攻击,因此我于进退去就,颇有戒心,这或者也是颓唐之一端,但我觉得也是环境造成的。"[①]

其实,原来鲁迅还是很有一些激情的。但孙伏园回来后告诉他的情形让他很是不乐。孙伏园吞吞吐吐地说,中山大学很

---

① 《两地书·六九》,人民文学出版社 1973 年版,178 页。

想鲁迅去教书，但没有聘书。而孙伏园在中山大学除了要编副刊，还要授课，已经有了聘书。学校里又聘请了其他的一些人，其中就有现代评论派的成员。这是鲁迅最为在意的事情。鲁迅原本想着到广州去，除了教书，还可和创造社合作一把（彼时郁达夫在创造社），形成一个统一的阵线联盟，然后对旧社团或者是现代评论派进行批判。但是，孙伏园回来之后的所述远不如他的期待，甚至让他有一点淡淡的失落感。在那样一个岛屿上，任何一点污染心情的事件都会被窗外的风吹得膨胀。所以，鲁迅在那天的信里发了一大通牢骚。发完之后觉得有些过于执著了，又想在信的末尾稀释自己的不忿："今天大风，仍为吃饭而奔忙；又是礼拜，陪了半天客，无聊得头昏眼花了，所以心绪不大好，发了一通牢骚，望勿以为虑，静一静又会好的。"①

的确是这样的，静了一静之后，他翻出手边一封没有拆开的信，是《语丝》杂志的催稿信件，他将自己和许广平以及李小峰等人的通信整理了一下，整理完了。觉得心情有些通畅。有一个温存的女人在遥远的地方充当听众，可以定期地将内心里的琐碎及并不庄重的想法倾诉给她，甚至还能获得鼓励和包容，亦是好的。

给许广平写信的时候，林语堂刚好来打听广州中山大学的情形。鲁迅便把孙伏园叫了来，三个人说到兴奋处，鲁迅便建议

---

① 《两地书·六九》，人民文学出版社 1973 年版，172—173 页。

林语堂辞职，几人一起去中山大学。然而林语堂想了一下，拒绝了，说："我来时提出条件，学校一一允许，怎能忽然不干呢？"

这一点在《两地书》的原信中鲁迅写得清楚得很，我特地翻出来，摘录如下："他之不能活动，而必须在此，似与太太很有关系，太太之父在鼓浪屿，其兄在此为校医，玉堂之来，闻系彼力荐，今玉堂之二兄一弟，亦俱在校，大有生根之概，自然不能动弹了。"

林语堂要在厦门大学生根了，这是不争的事实，林语堂的老婆、哥哥、弟弟、弟媳等等一众人马皆在厦门大学效力，再加上黄坚等较为亲善他的一些朋友也在这里谋生，所以，他心已决。而鲁迅不行，鲁迅在厦门大学的境况非常孤单，除了几个左翼的学生以及孙伏园等一小众人外，多数同事都有现代评论派背景。

鲁迅本来以为这个时间可以去广州和许广平聚会了，却不知广州中山大学也有了变故，牢骚也有了源泉。孙伏园从中山大学回厦门，这一次他是确定要离开了，所以要把行李和书籍带走。他给鲁迅带回了一封信，写信的人叫做李遇安。许广平在信中曾经说此人老实，这一次鲁迅便把他的"老实"的面具给揭开了。李遇安在信里的态度很是模糊，因为之前他曾经写信给鲁迅说他在广州无人相识，要鲁迅帮助。然而，当鲁迅热情地介绍朋友给他的时候，他却在广州找到了创造社的诸君，又在中山大学谋了一份速记员的工作。让鲁迅最为反感的是，李遇安竟然和曾经与鲁迅对骂过的黎锦明混在了一起。于是，鲁迅在信中写道："我这几天忽而对于到广州教书的事，很有些踌躇了，恐怕情形会和在北京时相象,厦门当然难以久留,此外也无处可去,实在有些焦躁。我其实还敢站在前线上,但发现称为同道的暗中将我作傀儡或从背后枪击我,却比被敌人所伤更其悲哀。我的生命,碎割在给人改稿子、看稿子、编书、校字、陪坐这些事情上者,已经很不少,而有些人因此竟以主子自居,稍不合意,就责难纷起,我此后颇想不再蹈这覆辙了。忽又发起牢骚来,这回的牢骚似乎日子发得长一点,已经有两三天。但我想,明后天就要平复了,不要紧的。"①

恋爱,本来不应该将自己的真性情如此原味地展现出来的,然后,在特定的语境里,恋爱让进入爱情语境的两个人彼此模仿甚至同化。若是恋爱中的一方在恋爱进行时修饰自己,甚而掩饰下自己的缺点,那么另一方也一定如此对待。同样,正因为在信里,许广平常常发一些牢骚,一会儿把鲁迅当作心理医生,倾诉苦衷,一会儿又把鲁迅当作学生,用以训斥,一会儿把鲁迅当作师长,用以崇拜,一会儿又把鲁迅当作知音,用以爱慕和疼惜。所以,鲁迅便也在信里放下了掩饰,一会儿把许广平当作兄长,用来关心和问候,一会儿把许广平当作学生用来批评和教育,一会儿又把她当作 HM,用来融化自己的固执。

若是在这个世界上,有人乐意听你发牢骚,并完全站在你的这一面鼓励你,那么,你一定是幸福的。

---

① 《两地书·七一》,人民文学出版社 1973 年版,176 页。

之二十八　毛绒小半臂和鲁迅图章

这依旧是恋爱中的孩子气。一个见到现代评论派就要抡胳膊上台争执的鲁迅先生，就这样被一个柔软的背心包裹在厦门的初冬里，成了许广平笔下的「傻孩子」，甚至「没出色（息）」。

广州的夜晚没有风，天虽然已经不热了，但蚊子仍然很多。给一个叫做吕云章的同学写完信以后，时间刚好是夜里十时整。

许广平有些瞌睡，白天没有休息，午睡的时间全用来给鲁迅写信了，偶尔有空闲的时候，也用来给鲁迅织毛衣了，就连到街上去，也是想着鲁迅的。譬如上午出门时，在一个刻章的店铺里，她订了一个质地较好的印章，要求刻上鲁迅二字。那章料仿佛是玻璃的，又仿佛不是，总之是透明的，还闪着光泽。

可是，虽然瞌睡，却也不能立刻睡觉，因为，她需要值班到十点半钟，等学生们熄灯了，她检查完毕才能入睡。之前她曾经因为太瞌睡了而提前睡去，结果看宿舍的老妈子不懂得关灯，整个宿舍亮了一夜，许广平也挨了校领导的骂。

那么就用这半个小时看鲁迅的信，还有照片吧。她一边看一边摊开纸，想到哪里就写到哪里。想到哪里了呢？哈哈，实在好笑。我在此摘录一下："我初回来时，总是以手探鼻孔取污物，因北京每天能取好些次，在广州我也照样取，没有，于是乎常常把鼻子抠破，新痕与旧痕相继，现时乖了，不干这样傻事，习惯扳回来了，这是经验先生教我的。"[1]在书信里，给鲁迅介绍自己的抠鼻孔的心得，实在是滑稽之至，自然，这样的内容虽然能博得鲁迅哈哈失声，但出版的时候，必然会被先生删除掉的，所以，在已经出版了的《两地书》中，1926 年 11 月 13 日晚上 10 时 10 分

---

[1] 《鲁迅作品全编·两地书》，浙江文艺出版社 2000 年版，540 页。

的信里,这段内容是看不到的。

白天里十分充实,因为学生罢课去闹风潮,学校只得放了一天假期。许广平的白天是如何过的呢?"早间无事,坐在寝室继续做手织,十一时出街理发,买一双布鞋,订一双皮鞋。到家里看一回,而今天叫我欢喜的,就是我订了一个好玩的图章,要铺子雕鲁迅二字篆字,阴文。"[①]

这枚图章,后来鲁迅一直使用着。

这天上午,经过了多日的努力,给鲁迅编织的一件藏青色的毛衣小半臂也好了。什么叫毛衣小半臂呢,想来是比毛背心要多一小截袖子的那种衣服吧。织好了毛衣,许广平恨不能马上就到邮局去寄了,但想到还有一枚图章,便忍了一忍。

这是在书信集中记载的许广平第一次给鲁迅织衣物,藏青色的,天气即将变冷。再也没有比这更温暖内心的礼物了。以至于鲁迅收到此衣物以后,穿上就再也没有脱过,甚至天冷了,也不舍得脱下来。

在此之前呢,1926 年 11 月 11 日晚上的 11 时,许广平也给鲁迅写了一封情意绵绵的信,这封在月日和时都相同的时间写的书信颇有些孩子气。

鲁迅在上封信里说了一些小闲事,许广平都做了点评,譬如谈到林语堂时,许广平说:"玉堂总是小孩子,黄也年轻,自然有

①　《鲁迅作品全编·两地书》,浙江文艺出版社 2000 年版,540 页。

许多地方看不出其不对,因为自己年龄差不多你斟酌处理,旁人没有不放心的了。"①

　　而在日本的留学生假冒是鲁迅的特别代表一事,许广平又建议鲁迅直接写信给日本的盐谷温说明,以免以后成一个流弊。这封信的语气,柔软万分,然而这些字词在出版时也多有删节,譬如这信的末尾的一句:"傻子独立电灯下默着干吗?该打,不好好读书,做事!"因为鲁迅在上封信里有"默念某君"的字眼,许广平便如任何一个在恋爱中的女孩子一般,被这样一句甜蜜的话语醉倒,而撒娇,而嗔喜。

　　她自己的毛绒衣织好了,便开始替鲁迅织毛背心,一开始大约是计划织成一件毛背心的,但所购买的藏青色的毛线多余了一些。于是便改变了主意,干脆把这些温暖的毛线都利用起来,变成话语,变成自己满腔的温暖。她决定织成一件毛绒小半臂。信里的柔情是这样的:"现在织开一件毛绒小半臂,是藏青色,但较漂亮的,因不易买到平时要的一式一样,以己之心度人,我看这颜色不坏,做好时打算寄去,现已做成大半了,不见得心细、手工佳,但也是一点意思,可以在稍暖时单穿它,或在绒衣上加穿亦可,取其不似棉的厚笨而适体耳。"

　　11月17日,图章刻好了,许广平将毛衣和图章放在一起寄了,还另附了一封短信:"迅师:兹寄上图章一个夹在绒背心内,

① 《鲁迅作品全编·两地书》,浙江文艺出版社2000年版,532页。

但外面则写围巾一条中，你打开时小心些，图章落地容易碎的，今早我又寄去一信，计起来近日去的信很详细了，现时刚食完早饭，就要上堂，下次再谈吧！蛇足的写这封信，是等你见信好向邮局索包裹，这包长可七寸，阔五寸，高四寸左右。"

鲁迅果然先收到这封简信，包裹随后才到，收到短信后，鲁迅便复信，在信里说："包裹尚未来，大约包裹及书籍之类，照例比普通信件迟，我想明天大概要到，或者还有信，我等着。我还想从上海买一盒较好的印色来，印在我到厦后所得的书上。"[①]

这封信分两次写成，正写信时有学生来坐，说了很多天真的话，鲁迅自然要陪坐着，一下到十二时夜深方离去。客人去后，鲁迅继续写信，解释前几天的一顿牢骚是一种误解，其实根源在于言语不通。写完了，标注时间为：仍是二十五日之夜，十二点半。其实按现在的计时方法已经是第二天的凌晨了。然而第二天上午这封信还是没有寄出，因为十一点钟鲁迅专门到邮政所去看，有没有包裹，结果没有。取了一份报纸看，发现有一艘由上海到广州的船在汕头被盗劫，被放了火。于是鲁迅联想丰富地写道："不知道我的信可有被烧在内。我的信是十日之后，有十六、十九、二十一等三封。"

事后证明，这几封信许广平均收到了。

然而，包裹真的是慢速啊，直到十天后的 12 月 2 日，鲁迅才

---

① 《两地书·八一》，人民文学出版社 1973 年版，196 页。

取回了包裹，心情自然大好。那经由许广平的手织就的毛背心从包裹里取出来便穿在了身上。信里的话是这样的："背心已穿在小衫外，很暖，我看这样就可以过冬，无需棉袍了。印章很好，没有打破，我想这大概就是称为金星石的，并不是玻璃。我已经写信到上海去买印泥，因为盒内的一点油太多，印在书上是不合适的。"

一枚印章要到上海去买印泥，可见鲁迅对此印章的看重。这当然引得许广平高兴，高兴归高兴，但还是要批评鲁迅的，在回信里，许广平写道："穿背心，冷了还是要加棉袍的，这样就可以过冬吗？傻孩子！包印章的白色东西，是在京买而经用过的，你看得出吗？一个图章何必特去上海买印泥，真是多事了。"①

印泥自然还是买了的，鲁迅坚持做，理由是不在上海买，便不舒服也。这依旧是恋爱中的孩子气。一个见到现代评论派就要抡胳膊上台争执的鲁迅先生，就这样被一个柔软的背心包裹在厦门的初冬里，成了许广平笔下的"傻孩子"，甚至"没出色（息）"。

借鲁迅的一句话来反驳许广平一下，那就是：广平兄，我总是不大佩服你说的这句话。

① 《鲁迅作品全编·两地书》，浙江文艺出版社 2000 年版，571 页。

之二十九　给我一条光

一个多月以后，鲁迅在信里这样写道："我对于名誉，地位，什么都不要，只要枭蛇鬼怪够了。"

这里的"枭蛇鬼怪"，自然又是许广平的别名。

一直以来,鲁迅都是许广平的烛光,照耀着她内心里的黑暗。即便是鲁迅觉得自己的思想也染黑了,但依然有明晰的目光,可以指点许广平"走人生的长路"。

然而 1926 年 11 月 15 日这天,鲁迅却突然迷惑起来,找不到出路,他写信给许广平说:"为我悲哀的大约只有两个,我的母亲和一个朋友(这里指许广平)。所以我常迟疑于此后所走的路:(一)积几文钱,将来什么都不做,苦苦过活;(二)再不顾自己,为人们做一点事,将来饿肚也不妨,也一任别人唾骂;(三)再做一些事(被利用当然有时仍不免),倘同人排斥,为生存起见,我便不问什么都敢做,但不愿失了我的朋友。第二条我已行过两年多了,终于觉得太傻。前一条当先托庇于资本家,须熬。末一条则太险,也无把握(于生活)。所以实在难于下一决心,我也就想写信和我的朋友商议,给我一条光。"①

许广平于 1925 年 3 月 11 日给鲁迅写第一封信,当时鲁迅正在给许广平们讲日本厨川白村著的《苦闷的象征》一书。于是,许广平在信里就问询:"先生,可有什么法子在苦药中加点糖分,令人不觉得苦辛?而且有了糖分是否即绝对的不苦?先生,你能否不像章锡琛先生在《妇女杂志》中答话的那样模糊,而给我一个真切的明白的指引?"②

---

① 《两地书·七三》,人民文学出版社 1973 年版,181—182 页。
② 《两地书·一》,人民文学出版社 1973 年版,9 页。

当然，以后类似的要求鲁迅先生给她送去"一条光"的事情还有很多。

然而这一次，反过来了，恋爱让一个男人智商变低了，对世事的判断多了一层犹豫不决，这些都是真的。

鲁迅的这封信是因为收到了 11 月 7 日许广平给他的信件，在信里，许广平汇报了自己的英雄事迹，乃是在学校里继续做害群之马是也；还领了工资，仿佛有所增加；还有就是许广平想到汕头去工作，借以离鲁迅更近一些。自然，也还有关心又温暖的话："你以前实在太傻，就不知道个人娱乐，一天劳精耗神于为少爷们当差，现时知道觉悟，这是你的好处。"

鲁迅在信里回复了这一点："我先前为北京的少爷们当差，耗去生命不少，自己是知道的。但到这里，又有一些人办了一种月刊，叫做《波艇》，每月要做些文章。也还是上文所说，不能将别人都作坏人看，能帮还是帮的意思。"①

此时的鲁迅已经收到了中山大学的聘书，聘书写清楚了待遇，每月二百八十元。聘期没有年限。"但我的行止如何，一时也还不易决定，此地空气恶劣，当然不愿久居，然而到广州也有不合的几点。一、我对于行政方面，素不留心，治校恐非所长。二、听说政府将移武昌，则熟人必多离粤，我独以'外江佬'留在校内，大约未必有味；而况三、灾我的一个朋友，或者将往汕头，

---

① 《两地书·七三》，人民文学出版社 1973 年版，180 页。

则我虽至广州,与在厦门何异。所以究竟如何,当看情形再定了,好在开学当在明年三月初,很有考量的余地。"①

自己行程的不能确定,甚至对于今后生活的迷惘,都被许广平看在了眼里。她一眼就看出了鲁迅的左右为难,甚至也看出了鲁迅的那句"我便不问什么都敢做,但不愿失了我的朋友",是向她的一种试探,大概想说,实在不行了,我便是为了你,什么事情都可以抛弃之类的誓言。

在《两地书》中,鲁迅先生的誓言是比较多的,譬如不喝酒了,上课时目不斜视等等。

然而这一次却并非像以往那样,荡漾着暧昧的幸福感,这次的誓言涉及到北京的朱安,涉及到他和许广平下半生的长路。所以,他一下子迷茫了,渴望许广平能帮他决断一下,给他一条光。

许广平正是看清了鲁迅的心思,在回信时单刀直入鲁迅的犹豫不决,她写道:"来信之末说到三种路,在寻'一条光',我自己还是世人,离不掉环境,教我何从说起。但倘到必要时,我算是一个陌生人,假使从旁发一通批评,那我就要说,你的苦痛,是在为旧社会而牺牲了自己。旧社会留给你的苦痛的遗产,你一面反对这遗产,一面又不敢舍弃这遗产,恐怕一旦摆脱,在旧社会里就难以存身,于是只好甘心做一世农奴,死守这遗产。有时

---

① 《两地书·七三》,人民文学出版社1973年版,181页。

也想另谋生活，苦苦做工，但又怕这生活还要遭人打击，所以更无办法，'积几文钱，将来什么事都不做，苦苦过活'，就是你防御打击的手段，然而这第一法，就是目下在厦门也已经耐不住了。第二法是在北京试行了好几年的傻事，现在当然可以不提。只有第三法还是疑问，'为生存和报复起见，便什么事都敢做，但不愿……'这一层你也知道危险，于生活无把握，而且又是老脾气，生怕对不起人。总之，第二法是不顾生活，专戕自身，不必说了，第一第三俱想生活，一是先谋后享，三是且谋且享。一知苦，三觉其危。但我们也是人，谁也没有逼我们独来吃苦的权利，我们也没有必须受苦的义务的，得一日尽人事，求生活，即努力做去就是了。我的话是那么率直，不知道说得太过分了没有？因为你问起来，我只好照我所想到的说出去，还愿你从长计议才好。"①

在这段里，许广平反复所提及的"遗产"，自然是指鲁迅的原配夫人朱安女士，许广平的话非常尖锐，这缘自于她对鲁迅的某种期待，从 1925 年 3 月通信开始，他们的感情迅速升温，到现在为止，已经快两年了，然而，鲁迅除了说这句"但不愿失去我的朋友"，再也没有别的关于今后生活的承诺。而转眼间许广平也已经接近三十岁，在那个年代，如此年纪自然是盼望结婚成家的，且不说自己的同学一个个都寄来了结婚的照片或者是宝宝的照

---

① 《两地书·八二》，人民文学出版社 1973 年版，200—201 页。

片。许广平不但没有给鲁迅一条光,而且又率直地说出了他内心里的悲哀。是啊,这个世界上,会为鲁迅感到悲哀的,确实就只有许广平嘛。

许广平一方面指出了鲁迅不敢和朱安离婚(这一点鲁迅曾经和许钦文等多位乡党说起过,怕朱安离婚以后回到乡下活不下去)是因为他在故乡乃至整个家族中有着好名声。他顺从母亲,孝顺母亲。所以,只能死守着朱安这遗产,做一世的农奴。许广平批评了鲁迅的前两种方法,最后一种方法鲁迅自然是想说和许广平结婚,不管其他人了。然而,许广平担心鲁迅养两个家有些苦。她了解鲁迅的脾气,生怕对不起朱安。

许广平的直接让鲁迅看得惭愧不已,在十一月二十八日的回信里,他写道:"我觉得现在 HM 比我有决断得多,我自到此地以后,仿佛全感空虚,不再有什么意见,而且有时确也有莫明其妙的悲哀,曾经作了一篇我的杂文集的跋,就写着那时的心情,十二月末的《语丝》上可以发表,你一看就知道。"①

在这一封回信里,鲁迅下定了决心,要在下个学期回到广州。"第一步我一定于年底离开这里,就中大教授职。但我极希望 HM 也在同地,至少可以时常谈谈,鼓励我再做些有益于人的工作。"

许广平遂回信说:"汕头我没有答应去,决意下学期仍在广

---

① 《鲁迅作品全编·两地书》,浙江文艺出版社 2000 年版,562 页。

州，即使有经济压迫，我想抵抗它试试看，看是它胜过我，还是我打倒它。"

这封信，其实就是一道光，在信里，许广平向鲁迅传达了自己愿意留下来，陪着他，哪怕是陪他说说话，鼓励他再做些有益于人的工作。一个多月以后，鲁迅在信里这样写道："我对于名誉，地位，什么都不要，只要枭蛇鬼怪够了。"这里的"枭蛇鬼怪"，自然又是许广平的别名。

这大约便是许广平对鲁迅的照耀史，她的光把鲁迅从厦门大学的某栋黑暗的楼里照亮，直到鲁迅看到了未来，看到了爱情和希望。

之三十 太阳、月亮和夜

有一次郁达夫和鲁迅一起吃饭，便发问：「这文章的末尾，你在后面加上四句，是什么意思？——时大夜弥天，唔……」

「时大夜弥天，璧月澄照，饕蚊遥叹，余在广州。」

鲁迅先生看见郁达夫说得有些生硬，便很顺溜地接着念了下去。

莽原社成员李霁野在鲁迅逝世以后写回忆文字,曾写到鲁迅与高长虹,"见先生神色不好,我便问他原由。他毫不在意地答道,昨夜校对长虹的稿子很晚,吐了血。"

在《两地书》中,鲁迅屡次提到的为了年轻人吃药而工作,其实也是暗指这次因为校对而吐血的事件。

高长虹在鲁迅被神化的年代里一直是一个小人的形象,为了推销自己的杂志,或者为了出名,不惜违背良心,骂起了远在厦门的鲁迅。

随着高长虹的叫骂越来越凶,鲁迅也进行了还击,于是一场发端于爱情的战争打响了。

高长虹是山西盂县人,1898 年出生,1924 年他跑到北京谋生活,还创办了一份《狂飚》杂志。他第一次出现在《两地书》中是在鲁迅 1925 年 4 月 28 日致许广平的信中:"《莽原》第一期的作者和性质,诚如来信所言;长虹确不是我,乃是我新认识的,意见也有一部分和我相合,而似是安那其主义者。他很能做文章,但大约因为受了尼采的作品的影响之故罢,常有太晦涩难解处。"

鲁迅创办《莽原》杂志时,是为了解决韦素园和李霁野等人的生计,然而高长虹却是当时跑得最为出力的。当时鲁迅刚刚和许广平通信不久,4 月初的一天,鲁迅买了几瓶酒,叫来了李霁野、韦素园、高长虹、向培良、荆有麟、章衣萍等几人,商议创办《莽原》的事。从此,高长虹成为鲁迅日记里常常出现的名字,在不到两年的时间里,此人在鲁迅的日记里出现近百次。

然而,常常到鲁迅那里闲坐的高长虹很快就认识了许广平,一问方知两人很有缘分,原来两个人竟是同年同月同日生。高长虹不由得生了一些欢喜,虽然高长虹此时家中已经有了妻儿,但是,高长虹生来多情。在喜欢上许广平之前,高长虹曾经很热烈地给同乡的石评梅写过一阵子情诗,然而,石评梅已经有了恋人。他便转移了对象,喜欢上许广平。

他送给许广平一本诗集,许广平礼貌地写过一封信给他,自然要赞美一下。他收到信以后狂喜,给许广平回了厚厚的信件,然而没有接到回信。此时的广平兄正在虔诚地听鲁迅讲授"往苦辛里加一些糖"的方法,无暇顾及高长虹抛来的深情。然而此时高长虹并不知道,还天天往鲁迅家里跑,希望能多看到许广平一次。

然而,第二年,即1926年的9月,鲁迅竟然和许广平同车离开了北京,又加上孙伏园等人在北京的宣传。高长虹很快就知道了鲁迅与许广平的恋爱关系,他很是气恼,很快,高长虹到了上海。因为他弟弟高歌的一篇稿子被韦素园压下的原因和莽原社决裂。所有这些,鲁迅在《两地书》中均隐约地写到了。比如1926年10月23日夜晚写道:"长虹又在和韦素园吵闹了,在上海出版的《狂飚》上大骂,又登了一封给我的信,要我说几句话。这真是吃得闲空,然而我却不愿意奉陪了,这几年来,生命耗去不少,也陪得够了,所以决计置之不理。况且闹的原因,据说是为了《莽原》不登向培良的剧本,但培良和素园在北京发生纠葛,而要在上海的长虹破口大骂,还要在厦门的我出来说话,办法真是离奇得很。我哪里知道其中的底细曲折呢。"①

10 月 28 日鲁迅致信许广平时又一次提到此事:"便是小小的《莽原》,我一走也就闹架。长虹因为社里压下(压下而已)了投稿,和我理论,而社里则时时来信,说没有稿子,催我作文。我实在有些愤愤了,拟至二十四期止,便将《莽原》停刊,没有了刊物,看大家还争持些什么。"②

然而,事情很快变了质,一开始高长虹只是单纯地让鲁迅出来说几句公道话,但是后来,高长虹为了让自己的《狂飚》周刊发行量大一些,一面举着鲁迅的招牌做广告,一面又开始大骂起鲁迅来。1926 年 11 月 11 日夜,鲁迅致信许广平,写道:"但先前利用过我的人,现在见我偃旗息鼓,遁迹海滨,无从再来利用,就开始攻击了。长虹在《狂飚》第五期上尽力攻击,自称见过我不下百回,知道得很清楚,并捏造许多会话(如说我骂郭沫若之类)。其意即在推倒《莽原》,一方面则推广《狂飚》的销路,其实还是在利用,不过方法不同。他们那时的种种利用我,我是明白的,但还料不到,他看出活着他不能吸血了,就要打杀了煮吃,有

---

① 《两地书·六〇》,人民文学出版社 1973 年版,153 页。
② 《两地书·六二》,人民文学出版社 1973 年版,158 页。

如此恶毒。我现在姑且置之不理,看看伎俩发挥到如何。"①

　　然而,五天以后,鲁迅终于坐不住了,高长虹的辱骂并没有停止的样子,新出版的《狂飚》周刊,一面其他杂志上做广告曰"与思想界先驱鲁迅合办《莽原》的高长虹主编",一边又在《狂飚》上发表了一篇《一九二五,北京出版界形势指掌图》,在这篇文字里,高长虹嘲笑鲁迅是一个戴着纸糊的"思想界的权威"假冠的作家。鲁迅自然很生气,遂于看到杂志的当天,写了一篇《所谓"思想界先驱者"鲁迅启事》,在致许广平的书信里,鲁迅写道:"但他八月间在《新女性》上登广告,却云'与思想界先驱者鲁迅合办《莽原》',一面自己加我'假冠'以欺人,一面又因别人所加之'假冠'而骂我,真是轻薄卑劣,不成人样。有青年攻击或讥笑我,我是向来不去还手的,他们还脆弱,还是我比较的禁得起践踏。然而他竟得步进步,骂个没完,好像我即使避到棺材里去,也还要戮尸的样子。所以我昨天就决定,无论什么青年,我也不再留情面,先作一个启事……我已决定不再彷徨,拳来拳对,刀来刀当,所以心里也很舒服了。"②

　　然而事情到了这一步,鲁迅并不知道高长虹骂他的原因,只知道此人轻薄,为了出名不择手段。但并不知,高长虹的骂,还隐藏着其他故事。

---

① 《两地书·七三》,人民文学出版社1973年版,180页。
② 《两地书·七九》,人民文学出版社1973年版,193页。

　　然而,直到 1926 年底,从韦素园的信里,鲁迅才知道具体的内情。鲁迅在《两地书·一一二》中写道:"那流言,是直到去年十二月,从韦素园的信里才知道的。他说,由沉钟社里听来的,长虹的拼命攻击我是为了一个女性,《狂飚》上有一首诗,太阳是自比,我是夜,月是她。他还问我这事可是真的,要知道一点详细。我这才明白长虹原来在害'单相思病',以及川流不息的到我这里来的原因,他并不是为《莽原》,却在等月亮。但对我竟毫不表示一些敌对的态度,直待我到了厦门,才从背后骂得我一个莫名其妙,真是卑怯得可以。我是夜,则当然要有月亮的,还要做什么诗,也低能得很。那时就做了一篇小说,和他开了一些小玩笑,寄到未名社去了。"①

　　鲁迅在信里所说的那首诗,便是现代文学史上著名的《月亮诗》,高长虹以写情诗著名,而且每见到女人就疯狂地写,在许广平之前,给石评梅就写过许多,在许广平之后,又给冰心写过许多。

　　这首诗的原标题叫做《给——》,因为鲁迅和高长虹的矛盾,而屡屡被称为《月亮诗》。诗的内容如下:

　　我在天涯行走,月儿向我点首,我是白日的儿子,月儿啊,请你住口。

---

① 《两地书·一一二》,人民文学出版社 1973 年版,257 页。

我在天涯行走,夜做了我的门徒,月儿我交给他了,我交给
夜去消受。

夜是阴冷黑暗,月儿逃出在白天,只剩着今日的形骸,失去
了当年的风光。

我在天涯行走,太阳是我的朋友,月儿我交给他了,带她向
夜归去。

夜是阴冷黑暗,他嫉妒那太阳,太阳丢开他走了,从此再未
相见。

我在天涯行走,月儿又向我点首,我是白日的儿子,月儿呵,
请你住口。

关于这首诗到底是不是写给许广平的,当下的学者们颇有
争议,其实,谣言不会无端而生的,鲁迅能在《两地书》中故意不
删去这些绯闻似的章节,可见其坦荡的态度。

然而,1999年出版的《鲁迅与高长虹》的作者董大中则认
为,鲁迅误解了高长虹,他认为这首著名的月亮诗是写给石评
梅,而不是许广平的。鲁迅在1935年一个序言里还专门赞美了
高长虹,仿佛是对高长虹的一种谅解。

这种推测很是勉强,尽管1940年高长虹应茅盾之约,在重
庆《国民公报》上发表《一点回忆———关于鲁迅和我》,在文章
里替自己作了辩解,但仍然有大量的漏洞,其一是长虹说只见过
一次面,其二则是这段回忆里的姿态:这种朴素的通信也许就是

造成鲁迅同我伤感情的第二次原因了。

查《两地书》便知，高长虹在上海创办《狂飙》周刊，为了发行量，借助于鲁迅的名字，后来又和韦素园吵架，鲁迅一开始并没有说话的。他根本不了解争执的具体情况，甚至还想过把《莽原》停掉。然而是高长虹接连不断地发起事端，恨不能鞭了鲁迅的尸，这才引起了鲁迅的痛击，这如何能赖账到别人身上呢。

况且，高长虹的这首诗发表之后，借着流言的力量，高长虹和鲁迅的矛盾，迅速成为沪上媒体热衷于炒作的话题，高长虹更是借助于这个流氓的话题，一跃而成为一个名人。如此借人肩膀上位的一个文人，无论在事后说什么，都是让人怀疑的。

《月亮诗》发表后不久，高长虹为了增加自己刊物的发行量，便愈发无耻，在《狂飙》周刊第九期发表文字："在恋爱上我虽然嫉妒过人，然而其实我倒让步过人。"在第十期上的文字则更是露骨："我对于鲁迅先生曾贡献过最大的让步，不只是在思想上而且是生活上。"他的意思很明显，是要告诉大家，许广平是喜欢我的，但不过是我把她让给了鲁迅。

这大约也是鲁迅为什么决定要出版《两地书》的原因，高长虹不是说许广平这枚月亮会被鲁迅这个夜晚染黑了吗，那么，鲁迅便将这一大捆情书编出来，让更多的人看到。夜晚没有染黑月亮，而是给月亮更多的安慰和依靠。

出版了《鲁迅与高长虹》的董大中先生认为高长虹的这首《月亮诗》只是一组诗中的一个，不能脱离了整体，来单个的解释。可恰恰是高长虹自己割裂了组诗,单独将这首《月亮诗》和另一首一起发表的。

在这本诗集《给——》的序言里,高长虹是这样对自己的情诗分类的:一种是整首诗有明确的描写对象,一种是没有固定的模特儿,"嘴在浙江,脸在北京,衣服在山西"拼凑起来的。高长虹在序言中说,自己诗中有几个女主人,不愿意把她们说出来,怕她们看到,徒增伤感。而被宣布出来的一个,约莫五十岁年纪,头发像蒲公英的花朵,这个人在北京的东城,东安市场一带,经常可以看到。高长虹写了《月亮诗》的意图是很明显的,起初怕别人不知道,后来,又怕别人知道。吞吞吐吐,十分好笑。

韦丛芜在给鲁迅的信中曾经说过高长虹后来的笑话,高长虹又喜欢上了一个新的女才子,叫做冰心,几乎是一天一封情书。可惜的是,这些情书的下场不大好,听说冰心和吴文藻结婚后,曾经把这一捆情书给吴文藻看,吴便在外出旅行时带上这些情书看,看完便扔,旅行完毕,情书也扔完了。

而鲁迅致许广平信中所提到的这句:"那时就做了一篇小说,和他开了一些小玩笑,寄到未名社去了。"这篇小说便是《故事新编》的《奔月》,写了善射的后羿打猎回来后,遭到了徒弟逢蒙暗算的故事,不言而喻,故事中的逢蒙就是影射高长虹。

鲁迅在《奔月》中,以后羿自喻,而把不爱吃"乌鸦炸酱面"的嫦娥比喻为许广平,而后羿的徒弟逢蒙则是高长虹的暗指。有一段情节很是精彩,特录如下:

那时快，对面是弓如满月，箭似流星。飕的一声，径向羿的咽喉飞过来。也许是瞄准差了一点了，却正中了他的嘴；一个筋斗，他带箭掉下马去了，马也就站住。

逢蒙见羿已死，便慢慢地蹿过来，微笑着去看他的死脸，当作喝一杯胜利的白干。

刚在定睛看时，只见羿张开眼，忽然直坐起来。

"你真是白来了一百多回。"他吐出箭，笑着说，"难道连我的'啮镞法'都没有知道么？这怎么行。你闹这些小玩艺儿是不行的，偷去的拳头打不死本人，要自己练练才好。"

"即以其人之道，反诸其人之身……"胜者低声说。

这一段文字里，鲁迅写得调皮乃至油滑，啮镞法更是荒唐又孩子气。这的确是一个小玩笑，把对方嘲笑了一通不说，还狠狠地出了一口气。

这篇文章发表以后，鲁迅和高长虹的矛盾仿佛基本结束了，鲁迅收拾了东西，到了中山大学做教务主任，许广平也调到中山大学做了鲁迅的助教。但是当年鲁迅便因个中原因辞去了中山大学的教职，并于当年10月到了上海，接下来，在《北新》半月刊上发表一篇《唐宋传奇集·序例》，然而这篇文字的结尾处写了一段闲话，引起了郁达夫的注意。有一次郁达夫和鲁迅一起吃饭，便发问："这文章的末尾，你在后面加上四句，是什么意思？——时大夜弥天，唔……"

"时大夜弥天，璧月澄照，饕蚊遥叹，余在广州。"鲁迅先生看见郁达夫说得有些生硬，便很顺溜地接着念了下去。

"是的，就是这四句文章，你是什么意思？"郁达夫又补问了一句。

鲁迅深吸了一口烟，吐出一团雾，慢悠悠地说："那是我有意刺高长虹的！高长虹自称是太阳，说景宋是月亮，而我呢，他却谥之为黑暗，是黑夜。他追求景宋，他说太阳在追求月亮，但月亮却投入黑夜的怀抱中，所以他在那里诅咒黑夜。"

可是，比较好笑的是，解放后，"石一歌"写作组写出的《鲁迅传》，在叙述鲁迅在广东以及将要离开广东的一段时，有这样的一段记载："9月10日，是1927年的中秋节，明月下的珠江显得特别凄清、冷寂。这天晚上，鲁迅校完了《唐宋传奇集》。在《序例》后，他豪迈而含蓄地写道：'时大夜弥天，璧月澄照，饕蚊遥叹，余在广州。'短短数语，洋溢着独立于险恶环境中的凛然之气，表达了对凶残的敌人极度的蔑视，形象地概括了'四·一五'以后他在广州的生活背景和战斗风貌。"

在建国初年，这种把鲁迅无限政治化和神化的事情，其实还有很多。

但有一点是值得欣慰的，鲁迅的生活和细节被无限地发掘出来，被神化了的鲁迅先生随着这些细节的逐渐饱满，而越来越走近人群，成为一个孩子气十足的普通人，成为一个爱憎分明心存善意的文人，成为一个恋爱中犹豫不决，需要许广平给他一束光才能找到路径的普通人。

呵呵，大夜弥天，月亮如璧，咬人的蚊子不知道"啮镞法"，只能一声叹息。这讽刺实在是隐约，又好玩。终究，鲁迅是一个好玩的人。

之三十一　批评信

至于你自己的将来，唉，那你还是照我上面所说罢，不要太认真。况且你敢说天下就没有一个人是你的永久的同道吗？有一个人，你就可以自慰了，可以由一个人而推及二三以至无穷了，那你又何必悲哀呢？如果连一个人也「出乎意表之外」……也许是真的吗？总之，现在是还有一个人在劝你，希望你容纳这意思的。

厦门大学里的好多事情很好笑，鲁迅所在的国学院，常常派人到各个教授那里做调查，是不是有成绩，譬如是不是专著和研究成果需要出版。以往每一次问询，鲁迅均老实地答，正在做，于是便得到一个催促，仿佛马上就需要鲁迅做出成绩一般。1926 年 11 月中旬的一天，校长林文庆和教务处的负责人又到国学院来查问的时候，鲁迅随即答："我原已辑好了古小说十本，只须略加整理，学校既如此着急，月内便去付印就是了。"

果真让鲁迅猜中了，登记完鲁迅的十部古小说名字之后，学校方面便没有任何消息。"你没有稿子，他们就天天催，一有，却并不真准备付印的。"

学校里可气的事情还有，1926 年 11 月 18 日下午，学校里召开恳亲会，鲁迅极少参加，但是因为有一个平时谈得来的同事非要拉了他去，便去了。先是校长讲话，然后又合影照相，再然后是大家发言。林语堂的二哥林玉霖大约是为了讨好校长林文庆，便站出来抢先发言："首先感谢校长给我们吃点心，点心很好吃。其次还想感谢校长亲自来参加恳亲会，对我们教员那么好，住得舒服，吃得也很好，薪水又这么多，我们都知恩图报，一定会凭着良心拼命做事的……"

鲁迅一定当场脸都红了，他是替林语堂感觉脸红，怎么会有如此浅薄的哥哥。正要上前批驳林玉霖两句，不料，拉他来的前北大同事缪子才站起来大声训斥了林玉霖的哈巴狗精神。林玉霖自然当场反驳，于是争吵了一通之后，便不欢而散。这一件事在鲁迅的日记里也有载:"1926年11月17日:下午校中教职员照相毕开恳亲会,终至林玉霖妄语,缪子才痛斥。"

林玉霖是林语堂的二哥,他当时是厦门大学的学生处长,管理学生的日常琐碎事,不但他在学生处,连同他的太太也在学生处。

而缪子才却是鲁迅的同门师弟,缪也是章太炎的弟子。

鲁迅被这样的琐碎事弄得心气颇坏,一切都看不顺眼,觉得林玉霖为了一些钱,甚至可以出卖自己的良心。他感觉很是悲哀,下定了决心一定要离开厦门大学。在信里,鲁迅写道:"至于到哪里去,一时也难定,总之无论如何,年假中我必到广州走一遭,即使无啖饭处,厦门也决不住下去的了。又我近来忽然对于做教员发生厌恶,于学生也不愿意亲近起来,接见这里的学生时,自己觉得很不热心,不诚恳。"[①]发完这一通牢骚之后,又不忘记说说林语堂的事,虽然林语堂的哥哥那么势利,但鲁迅毕竟是林语堂请来的,所以,还是颇为感恩的。他在信的末尾写道:"我还要忠告玉堂一回,劝他离开这里,到武昌或广州做事去。但看来大半是无效的,这里是他的故乡,他不肯轻易决绝,同来的鬼祟又遮住了他的眼睛,一定要弄到大失败才罢,我的计划,也不过聊尽同事一场的交情而已。"[②]

---

① 《两地书·七五》,人民文学出版社1973年版,186页。
② 《两地书·七五》,人民文学出版社1973年版,186页。

然而收到鲁迅信件的许广平这一次开始批评鲁迅的个性，这种批评其实也是在表达一种亲情，是经过长时间的磨合之后，才会有的爱怜的症状。许广平在 1926 年 11 月 15 日晚上的回信中写道："你向我发牢骚，我是愿意听的，我相信所说的都是实情，这样倒还不至于到'虑'的程度。你的性情太特别，一有所憎，即刻不可耐，坐立不安。玉堂先生是本地人，过惯了，自然没你似的难受，反过来你劝他来粤，至少在饮食一方面，他就又过不惯了，况且中大薪水，必少于厦门，倘他挈家来此，也许会像在北京时候的似的支持不住，即使我设身处地，也未必决然就走的。"①

这是《两地书》中许广平第一次批评鲁迅的性格。

然而写完这封信之后，第二天中午，刚吃过午饭便接到了鲁迅 11 月 10 日的信件，在信里，鲁迅的牢骚在这封信里很丰盛。不仅如此，性格变得也犹豫了。"我这几天忽而对于到广州教书的事，很有些踌躇了，恐怕情形会和在北京时相像。厦门当然难以久留，此外也无处可走，实在有些焦躁。"

鲁迅的焦躁很快传染给了许广平，读完鲁迅的信，许广平也感觉身体里有一股说不出的不安，在回信的时候，他写到了自己的这一点："看见桌上有你十日寄来的一信，我一面欢喜，一面又

---

① 《两地书·七七》，人民文学出版社 1973 年版，189 页。

仿佛觉着有了什么事体似的，拆开信一看，才知道是这样子。"①

知道了什么样子呢，不过是鲁迅在上一封信里说了几个学生对他的欺骗，譬如李遇安（逢吉），他一开始写信向鲁迅求助，说在广州不认识人，鲁迅很热情地帮着他谋生计，谁知，李遇安到了广州之后便和创造社混到了一起，见到孙伏园也说一些吞吞吐吐的话来敷衍。当然，还有一个学生叫做黎锦明，大约曾经匿名写信骂过鲁迅，当然，后来又写了道歉信。他也和李遇安在一起。所有这些，都让鲁迅觉得充满了阴谋。

此时，许广平所在的学校因为学生们闹风潮已经停课了，校长也辞职了，整个学校只有许广平一个人在支撑，甚至还有人起哄让许广平做校长。许广平是坚决不做的，所以，学校只能瘫痪下来。许广平这几天正是清闲一些。她看到鲁迅的"焦躁"，很想分担一些。很是冲动，她在回信里写道："亲爱的老师，你愿否我趁这闲空，到厦门一次，我们师生见见再说，看你这几天的心情，好像是非常孤独似的。还请你决定一下，就通知我。"②

然而，这只是情意绵绵的关心和担忧。接下来则又开始批评鲁迅的情绪了。鲁迅在 11 月 10 日的书信里写到李遇安的虚伪，鲁迅在最近的《语丝》（第一百零一期）上看到了徐祖正的一篇《送南行的爱而君》，他一看，这文中的 L 正是李遇安，所以，

---

① 《两地书·七八》，人民文学出版社 1973 年版，190 页。
② 《两地书·七八》，人民文学出版社 1973 年版，190—191 页。

欲加生气。觉得李遇安在信里求他帮助非常虚伪。

徐祖正和鲁迅并没有矛盾,但因为徐祖正和周作人走得近,鲁迅便厌恶之。许广平接下来批评到的就有这一点。许广平在信里写道:"看了《送南行的爱而君》,情话缠绵,是作者的热情呢,还是笔下的善于道情呢,我虽然不知道,但因此想起你的弊病,是对有些人过于深恶痛绝,简直不愿同在一地呼吸,而对有些人又期望太殷,不惜赴汤蹈火,一旦觉得不副(符)所望,你便悲哀起来了。这原因是由于你太敏感,太热情,其实世界上你所深恶的和期望的,走到十字街头,还不是一样吗?而你硬要区别,或爱或憎,结果都是自己吃苦,这不能不说是小说家的取材失策。倘明白凡有小说材料,都是空中楼阁,自然心平气和了。我向来也有这样的傻气,因此很碰了钉子,后来有人劝我不要太'认真',我想一想,确是太认真了的过处……我好久有一番话,要和你见面商量,我觉得坦途在前,人又何必因了一点小障碍而不走路呢?"①

太敏感,太热情。这的确是鲁迅的大弊病。热情的火把总能离得近一些的人燃烧了。许广平已经感受到了鲁迅身体里的那把火,是野火。这样的火也极容易烧伤自己,譬如,一旦觉得自己殷切希望的那个朋友让自己失望了,便会受很大的伤害。因而又转过来深恶痛绝,这种执著是一种寂寞的病态。

---

① 《两地书·七八》,人民文学出版社 1973 年版,191 页。

　　已经了解了鲁迅的许广平把了鲁迅的脉之后,又给他开出了药方:"至于你自己的将来,唉,那你还是照我上面所说罢,不要太认真。况且你敢说天下就没有一个人是你的永久的同道吗? 有一个人,你就可以自慰了,可以由一个人而推及二三以至无穷了,那你又何必悲哀呢? 如果连一个人也'出乎意表之外'……也许是真的吗? 总之,现在是还有一个人在劝你,希望你容纳这意思的。"①

　　是啊,至少你还有我。"你有闷气,尽管仍向我发,但愿不要闷在心里就好了。"

---

① 《两地书·七八》,人民文学出版社 1973 年版,191—192 页。

之三十二　编编讲义，烧烧开水

你大约世故没有我这么深，所以思想虽较简单，却也较为明快，研究一种东西，不会困难的，不过那粗心要纠正。还有一个吃亏之处是不能看别国书，我想较为便利的是来学日本文，从明起我当勒令学习，反抗就打手心。

《两地书·七三》中,鲁迅告知许广平,他接到了中山大学的聘书,标明月薪280元。他仍是没有做出最后的决定。理由有三条,一是对于行政素不留心;二是政府即将迁至武昌,熟悉的人多离开;三则是许广平在来信中说想去汕头。

虽然他此时已经决定离开厦门大学,但又觉得中山大学那边也会有不合人意之处。所以有些焦虑,遂发了一通牢骚向许广平。然而得到许广平的批评后,头脑清醒了许多。面对许广平的担忧,甚至想马上到厦门去抚平鲁迅内心的焦虑的意见,鲁迅是拒绝了的。"我大约也终于不见得为了小障碍而不走路,不过因为神经不好,所以容易说愤话。……至于你的来厦,我以为大可不必,'劳民伤财',都无益处,况且我也并不觉得'孤独',没有什么'悲哀'。"

为了佐证自己并没有因为小障碍而不走路,鲁迅列举了自己做的工作诸多:"我其实毫不懈怠,一面发牢骚,一面编好《华盖集续编》,做完《旧事重提》,编好《争自由的波浪》(董秋芳译的小说),看完《卷葹》,都分头寄出去了。"

正是在这样犹豫未决的时候,广州的报纸大约是从中山大学的教务处那里得了消息,加以发挥便刊登了。广州《民国日报》在1926年11月15日就刊载消息说:著名文学家鲁迅即周树人,久为国内青年所倾倒,现在厦门大学担任教席。中山大学委员会特电促其来粤,担任该校文科教授,闻鲁氏已应允就聘,不日来粤云。之后,广州《国民新闻》和福建的一些报纸也发表了类似消息。

1926 年 11 月 25 日,厦门大学国学院召开教师座谈会,林语堂因为和校长吵了一架(原因是校长要减少国学院的预算),愤怒之下,林语堂要辞职。林语堂找到鲁迅诉苦,鲁迅便劝他离开此地,林语堂也连声称是。开座谈会的时候,鲁迅并没有第一个发言,等大家都说完了,轮到了他,他便说,自己大约要离开厦门大学。鲁迅的话一说完,校长便改了态度,答应不再减少国学院的预算,连忙让林语堂劝说鲁迅。林语堂果真不再坚持辞职,而且跑到鲁迅身边说明情况,即使要辞职,也一定要做满一年,不然,半学期的时候,教员中途难请。

会议散开以后,厦门大学国学院以及其他学院旁听鲁迅讲课的学生已经围在了门口,他们像请愿似的,大声请求鲁迅不要走,那形势实在是感人,鲁迅万难开口拒绝,只好改口说,至少坚持到年底。

听说鲁迅先生要走,一时间拜访鲁迅的学生或者社会名流也多了起来。一时间难以应付。

写信的时间自然也少了。

1926 年 11 月 28 日是星期六,林语堂陪同鲁迅一起到集美学校去做演讲。鲁迅在会上做了幽默又风趣的演说,后来有诸多鲁研专家以及回忆录提及,譬如集美中学的校长请了鲁迅吃面条,鲁迅一开始讲演便说,虽然校长先生请我吃了很好吃的面食,但我依旧要说一些他的坏话。逗得学生们轰堂大笑。

鲁迅就是这样活得真实的人,他最不喜欢吃别人的东西,占别人的便宜。但是即使占了一些别人的便宜,他也不会就此被人收买而替人说好话。这种独立的人格,在那样一个年代实在是让人尊敬得很。

那天傍晚回住处,晚饭前便有学生前来谈稿子,一起吃饭,自然是鲁迅掏些零碎钱,饭后却依旧不走,又一直到夜深。

鲁迅将开水烧开了两壶,均喝完了。学生走后,鲁迅连忙展开稿纸写信,谁知道,刚写下广平兄三个字,电灯突然熄灭。紧接着校园里一片吵闹声,鲁迅探头出来,才知道原来是隔壁礼堂的电线老化,失了火。校役们提着水桶不敢入内,在门口用鲁迅听不懂的话大声吵嚷,而校警不停地吹着哨子,学生们都跑出教室来看个究竟。一直折腾了半个小时的时间,才请来了物理系的老师。一个年纪已经不轻的教授钻入礼堂,关了电闸,然后校役们进去扑灭了火,才算完事。不过,因为是夜晚,电路不容易修理,电自然是停断了的,点一支洋烛,却被风吹得东西乱晃,有一只窗子是破了玻璃的,无论如何也挡不住那风。

信没有办法写了,便只好找林语堂去聊天,告知林语堂自己的决定:以本学期为止,即须他去。

到广州后,自然想和许广平朝夕相处。鲁迅在《两地书·八五》中写到了自己的决心:"至于我呢,仍然决计于本学期末离开这里而往广州中大,教半年书看看再说。一则换换空气,二则看看风景,三则……"三则略去了,看到这六个点点,阅读者便会被鲁迅的孩子气逗笑,三则什么呢,空气换了,风景也变了,都好起了,只好"我可以爱"了。

对于许广平,鲁迅还是建议她教几点钟书好。"我觉得教书与办别事实在不能并行,即使没有风潮,也往往顾此失彼,不知你此后可有教书之处(国文之类),有则可以教几点钟,不必多,每日匀出三四点钟来看书,也算预备,也算是自己的享乐,就好了;暂时也算是一种职业。你大约世故没有我这么深,所以思想虽较简单,却也较为明快,研究一种东西,不会困难的,不过那粗心要纠正。还有一个吃亏之处是不能看别国书,我想较为便利的是来学日本文,从明起我当勒令学习,反抗就打手心。"

打手心实在是一件亲昵且隐私的词句,然而,在鲁迅和许广平,实在是一个愿打一个愿挨的情形居多吧。

在这封信里,鲁迅还很高兴地穿上了许广平亲手织的毛背心(毛衣小半臂),并在信里说"很暖,我看这样就可以过冬,无需棉袍了"。这实在是一种由衷的喜悦,至于许广平帮助他刻下的那枚"鲁迅"的金石章呢,则一定要到上海买印泥才舍得用,这种种甜蜜,皆如盛开在春天的誓言一般,有花朵有蓓蕾,有手舞足蹈也有安静暖和。

"计算起来,我在此至多也只有两个月了,其间编编讲义,烧烧开水,也容易混过去。厨子的菜又变为不能吃了,现在是单买饭,伏园自己做一点汤,且吃罐头。他十五左右当去。我是什么菜也不会做的,那时只好仍包菜,但好在其时离放假只四十多天了。"

孙伏园会炒火腿,但并不好吃,这仿佛是鲁迅在致章廷谦的信中提及的,不过好在有了一个巨大的希望:马上就可以到广州了。这种希望暗含了对许广平的依赖,仿佛到了广州一切都会有大的改变。看来,鲁迅先生打完了手心,还不能停止,还要吃许广平煮的食物,自然,要比孙伏园同志做的菜好吃一些才行。

信多是交叉写的,这几天鲁迅的杂文集《坟》的封面图片已经由同乡的陶元庆画好,还有他想自己掏钱印刷的善书《玉历钞传》要章川岛找一个木版的图片,他看中了个无常的图片。还有呢,北京的报纸上报道北京女师大失火,原因是学生自己烧火做饭不慎,但火势蔓延得很快,最后有两个学生被烧死了,学生的名字叫做杨立侃和廖敏。

信还没有写完,一个学生过来请他吃饭,饭后又谈论人生若干,直到九点钟,才去方便了一下,继续写信。然而刚写了两行字,又来了客人,房间的门是对开的,打开门便看到鲁迅的一切,躲也躲不开。一封信,分作了三次才完成,一开始想要打手心的,到了最后,不远处的乡舍里的鸡都鸣叫了。在信的末尾,鲁迅说了自己的理想:"我想此后只要能以工作赚得生活费,不受意外的气,又有一点自己玩玩的余暇,就可以算是万分幸福了。"

好在,这愿望不算庞大,不久后,便实现了。

不准半夜到邮箱里投信

我回忆在北京因节制吸烟之故而令一个人碰钉子的事，心里很难受，觉得脾气实在坏得可以。但不知怎的，我于这一点不知何以自制力竟这么薄弱，总是戒不掉。但愿明年有人管束，得渐渐矫正，并且也甘心被管，不至于再闹脾气了。

《两地书·八六》中,关于吸烟,鲁迅有一段评论如下:"我现在身体是好的,能吃能睡,但今天我发现我的手指有点抖,这是吸烟太多了之故,近来我吸到每天三十支了,从此必须减少。我回忆在北京的时候,曾因节制吸烟而给人大碰钉子,想起来心里很不安,自觉脾气实在坏得可以。但不知怎的,我于这一事自制力竟会如此薄弱,总是戒不掉。但愿明年能够渐渐矫正,并且也不至于再闹脾气的了。"

不至于再闹脾气?这话说得很是模糊,初读的人会觉得莫名其意。然而查《两地书》的原信会看到被鲁迅删改的内容,就容易理解了。原信的内容是这样的:"我回忆在北京因节制吸烟之故而令一个人碰钉子的事,心里很难受,觉得脾气实在坏得可以。但不知怎的,我于这一点不知何以自制力竟这么薄弱,总是戒不掉。但愿明年有人管束,得渐渐矫正,并且也甘心被管,不至于再闹脾气了。"[①]

加上这一句话,就容易理解了。"但愿明年有人管束","并且也甘心被管"。

这封信写于 1926 年 12 月 3 日下午,然而昨天半夜,他刚刚写过一封信,还是趁着下楼撒尿的工夫将信塞进了邮箱。他在信里介绍自己的光辉事迹:"今天刚发一信,也许这信要一同寄到罢。你或者初看以为又有什么要事了,其实并不,不过是闲

---

① 《鲁迅作品全编·两地书》,浙江文艺出版社 2000 年版,567 页。

谈。前回的信,我半夜放在邮筒中;这里的邮筒有两个,一在所内,五点后就进不去了,夜间便只能投入所外的一个。而近日邮政代办所里的伙计是新换的,满脸呆气,我觉得他连所外的一个邮筒也未必记得开,我的信不知送往总局否,所以再写几句,俟明天上午投到所内的一个邮筒里去。"①

半夜悄悄地往邮箱里投递信件,放在任何一个年代,都是恋爱综合症的表现。

不仅仅在半夜投信箱,还在书信里放了糖果一样的文字:"计算起来,我在此至多也只有两个月了,其间编编讲义,烧烧开水,也容易混过去。何况还有默念,但这默念之度常有加增的倾向,不知其故何也,似乎终于也还是那一个人胜利了。"

这段文字里,"那一个人胜利了"是重复许广平一篇散文的情节,那篇叫做《风子,是我的爱》发表在 1926 年 2 月 23 日《国民新报副刊》上,在这篇文字里,许广平借风子(风神)来比喻鲁迅。"风子,是我的爱",意思就是说"鲁迅,是我的爱"。这篇文字里所设计的"风子"和现实中的鲁迅颇为类似:淡漠寡情、时时板起脸孔,呼呼地刮叫起来,而使得那些个"胆小而抖擞的向风子求爱的人个个都躲避开了"。然而,许广平在文中直率地表达了自己对风子的爱的大胆吐露:"风子是我的爱,于是我起始握着风子的手。奇怪,风子同时也报我以轻柔而缓缓的紧握,并且

---

① 《两地书·八六》,人民文学出版社 1973 年版,208—209 页。

我脉搏的跳荡，也正和风子呼呼的声音相对。于是，它首先向我说：你战胜了。"鲁迅在信中所说的胜利，就是特指这篇文章中的胜利。

"默念之度常有增加的倾向"，许广平看到这信，被这片断的孩子气逗乐了。于是在回信里充满甜蜜地"嘲笑"鲁迅："'默念增加'，想是日子近了的原故，小孩子快近过年，总是天天吵几次，似乎如此，你失败在那一个人手里了吗？你真太没出息了。"

其实鲁迅类似的意思在之前的信里已经不止一次地表达过了，譬如"唯独不愿失去我的朋友"，但承认自己失败，还是第一次。所以许广平由一味地担忧，到终于可以放心地嘲笑这位"嫩弟弟"了。

在这封嘲笑信的后面，许广平还附上了当天《民国日报》副刊上张迂庐写的一篇《欢迎鲁迅先生来广州》的文章，这篇文字很是左倾，热情地站在鲁迅身边，文字里充满了赞美："我们都知道他是创中国文坛未有之新路的《呐喊》、《彷徨》的著者，是著《阿Q正传》而被译成五六国文字且被法国现时大文豪罗曼罗兰啧啧称道过的人，是空前的《中国小说史略》的著者，是中国译界的高手，是未名丛刊、乌合书的主编人，是《莽原》半月刊的创办人，这些，在我们都有'除了欣赏惊叹而外，我们对于鲁迅的作品，还有什么可说呢！'之慨——引沈雁冰评《呐喊》的话——不过除了这些之外，还有使我们最难忘的《热风》和称为交了'华盖运'才弄得来的《华盖集》！《热风》同《华盖集》都是先生的杂感短文,在这里的鲁迅先生,以战士身而显现了!瞧啊!在混浊的北京的空气里,敢于向牛鬼蛇神正视的,而且还敢于在礼教淫威的重围的所谓首都里'论他妈的'的,虽然我们没有见到的或许也还有好几位,然单就我们见到的来说,就只有两个人:吴稚晖,鲁迅。"

这是 12 月 7 日下午 3 时写完的信件,因为下午要去教育厅开会,许广平顺便将这封信在下午的时候寄了出去,开完会回到学校,发现收发室里有几封信件。她想着不可能再有信了,便没有去看。哪知听差跑过来追上她,又交给她一封鲁迅的信。

这封信,自然是鲁迅在 12 月 3 日的第二封信。写回信的时候,许广平开头就下命令:"现时我要下命令了,以后不准自己把信'半夜放在邮筒中'。因为瞎马会夜半临深池的,十分危险,叫人捏一把汗不好。而且'所外'的信今天上午到,'所内'的信下午到,这正和你发信次序相同,不必以傻气的傻子,当'代办所里的伙计'为'呆气'的呆子,实在半斤八两,相等也,而且 HM 发信也不如是急急,今早发的那封六晚写好的信,是早起叫服侍我的女仆拿去的,但许久之后,我出校门,见另一个老妈拿一只碗似乎出街买物,同时手中拿着我的信,必是代那我的老妈便中发信,以此推测,我的听差,每次发信必如此,我于是以后得改变方法了。"①

---

① 《两地书·九二》,人民文学出版社 1973 年版,219 页。

　　鲁迅给许广平的信件，不但是亲自去投递，而且有时候还半夜的时候放在邮筒里，想来实在是让人暖暖的，而自己呢，让女佣代为发信，结果并不及时。因此，许广平只好在信里下了命令。

　　大概想到鲁迅不久后要来，便在信里介绍了广州的一些情况。买东西呢需要还一下价格，吃馆子的地方很多，还有北方买面食的馆子，和北京的差不多，连北方的布鞋子也有店铺。鲁迅的信里有"身体是好的，能食能处"的话，是因为想着不久后要到广州见许广平了。所以，看什么东西都是好的，有一些小成绩也希望许广平能看到，譬如《阿Q正传》的英译本出版了，也想在第一时间让她分享，问她，要不要看，要看的话，便先寄上。

　　昨天呢，昨天寄了《语丝》和《北新》杂志，还有一册《莽原》，然而因为上封信里提到一篇心情沮丧的文章发表在《语丝》上，然而，寄的这一册上恰好不是那篇文字，所以还特地注明。每一封信都寄书，并在书上写上许广平的名字，仿佛成了一种仪式，这次也不例外。

　　许广平在回信里说："英译阿Q不必寄，现时我不暇及不大会看，待真的阿Q到广州，再拿出书本，一边讲一边对照罢！那时却勿得规避，切切！"

　　为了让鲁迅能少吸烟，许广平写了长长的书信，她以为自己写一封长信，鲁迅要认真地看，然后还要认真的回复，就可以少吸烟了。"你手指还抖吗？要看医生不？我想心境好，自然减却无聊,不会多吸烟了,有什么方法可减却呢?我愿多写几个字。"

已经进入十二月了,天气转冷了,坐在房间里写信,久了有些冷,窗外不知什么时候刮起了大风,呼呼的,细细地听,像是有人在叫许广平的名字,许广平便把窗子打开了,想听得清晰些,然后,打开以后,那声音却远去了,只有树叶子不停地落下的声音。许广平便加了一件毛背心,接着写信,她的英语不好,自然读不懂英译的《阿Q正传》,日语也不好,当然等鲁迅来了,要先学习日语的,因为,若是学不好,老师要打手心的。

手心?许广平看了一下掌心里的纹络,会心地笑了。

之三十四　做名人很累

我不知何以忽然成偶象（像），这里的几个学生力劝我回骂长虹，说道，你不是你自己的了，许多青年等着听你的话。我为之吃惊，我成了他们的公物，那是不得了的，我不愿意。我想，不得已，再硬做「名人」若干时之后，还不如倒下，舒服得多。

电灯坏了,洋蜡烛老是流眼泪,燃烧得很快。然而此时的许广平刚刚由学校搬回到家里住,地址自然也更换了。鲁迅所寄的地址并不确切,只是凭着模糊的印象写下的。怕寄不到,鲁迅又重新抄写了一份,另寄许广平学校的地址,因为上次许广平的信中写道,尚有一些物品存放在学校里。

孙伏园去找许广平时没有见到人,给她留了一张名片,许广平决定去见孙伏园,方便的时候也想求孙伏园谋职。许广平和天津的邓颖超是女师大的同学,她给许广平写信,告诉她中山大学的附中有一个做训育员的机会,问许广平是否愿意。许广平在给鲁迅的信里说:"我姑且先答应她愿意,但能否实现也不可知,训育的味道我尝过了,不愿再尝,但目前也只可用骑马找马之法。"①

在这封信里,许广平还专门嘱咐鲁迅说:"你那些在厦门置的器具,如不沉重能带来用也好,此处东西实在贵,而且我也愿看看你在厦的生活,由用具中推想。"②

鲁迅在厦门大学的用具也并不多,只出去买过一次,本来想后来再置办,但一直在外面包饭,所以,便没有特意地置办。但必要的锅碗瓢盆还是有的。孙伏园走了,留下了许多火腿,鲁迅便用锅煮了吃了一通,还买了一斤不错的茶叶,喝了,日子仿佛

---

① 《鲁迅作品全编·两地书》,浙江文艺出版社 2000 年版,588 页。
② 《两地书·一〇三》,人民文学出版社 1973 年版,241 页。

过得悠闲起来。

听说鲁迅要到中山大学做教授,郁达夫特地写信到厦门大学,告诉鲁迅说中山大学很不好。第二天,中山大学学校委员会也来了催促信,并在信里诱惑鲁迅"正教授"只有他一人,要兼做国文系主任的。鲁迅在致许广平的信里说:"我想不做主任,只教书。"

然而,这个美好的愿望没有实现,几天以后,鲁迅收到孙伏园的信件,告知鲁迅说:"后来在他(朱家骅,字骝先,时任中山大学校长)家午餐,他与戴季陶君住在一起,所以戴君也一同吃饭,谈得甚快。骝先极力希望您能快来,他说他因为接到我的信,知道我要去武汉了,所以已单独写信给您,但没有提起薪水数目,其实您的薪水已决定五百毫洋,且定名为正教授,现在全校只有您一人。学生知道先生要来,希望得极恳切。"

鲁迅将孙伏园给他的信件转给了许广平看,并努力地和林语堂商量,想早一些走。1926 年 12 月 30 日,鲁迅向厦门大学正式提交了辞职书,辞去了一切职务。1927 年的第二天,下午时分,鲁迅致信许广平,在信中说到厦门大学对自己辞职的态度时说:"这事很给厦大一点震动,因为我在此,与学校的名气有些相关,他们怕以后难于聘人,学生也要减少,所以颇为难。为虚名计,想留我,为干净,省得捣乱计,愿放我走。但无论如何,总取得后者的结果的。"①

提出辞职以后,厦门大学的学生果然动乱起来,他们拉起旗子声讨学校,不愿意放鲁迅走。甚至还有大群的学生跑到鲁迅的办公室里,声明要跟随着鲁迅到中山大学去。

《两地书》原信中有一段文字非常的好玩,但在出版的时候被鲁迅先生删去了,我摘抄出来:"我近来很沉静而大胆,颓唐的气息全没有了,大约得力于有一个人的训示。我想二十日以前,一定可以见面了。你的作工的地方,那是当不成问题,我想同在一校无妨,偏要同在一校,管他妈的。今天照了一个相,是在草木丛中,坐在一个洋灰的坟的祭桌上,像一个皇帝,不知照得好否,要后天才知道。"②

心情大好,在上面的这段书信里淋漓飘出,我们就要谈恋爱,而且,偏要在一起工作,说闲话尽管去说吧,管他的。

厦门大学的学生们依旧在闹,不少学生聚会请鲁迅吃饭,送别又送别,另有少许的悲愤的学生开始攻击学校,并到教务处泄愤。而那些负责教务的工作人员为了安抚学生,便又说些鲁迅的坏话,来推脱自己的责任。一时之间,校园如同战场一般,十分热闹。

除学生的热闹之外,媒体也来采访,各种文学社团也开始请

---

① 《鲁迅作品全编·两地书》,浙江文艺出版社 2000 年版,598 页。
② 《鲁迅作品全编·两地书》,浙江文艺出版社 2000 年版,599 页。

鲁迅开始演讲。自然,鲁迅的举动惹恼了厦门大学,学校决定停发鲁迅十二月份的工资。

当然,这只是学校想要拖延鲁迅的办法,过了不几天便又通知鲁迅,工资还是要发的,只是要晚几天。然而就在这几天,不少学生来找到了鲁迅,这些学生对鲁迅目前的状态很是不满,认为在上海的高长虹无端地辱骂鲁迅,作为一个青年人的偶像,必须要回骂才能证明自己的清白。鲁迅听了暗笑,在致信许广平时说:"我不知何以忽然成偶象(像),这里的几个学生力劝我回骂长虹,说道,你不是你自己的了,许多青年等着听你的话。我为之吃惊,我成了他们的公物,那是不得了的,我不愿意。我想,不得已,再硬做'名人'若干时之后,还不如倒下,舒服得多。"①

当时的高长虹在上海为了自己的刊物《狂飙》周刊的发行,不停地骂鲁迅,编造一些他和鲁迅的轶事。可以说,高长虹是继孙伏园之后又一个会借机炒作的编辑。只是孙伏园的炒作不过是借势运作,而高长虹是虚构情节,甚至不惜歪曲事实。

鲁迅还是回击了高长虹,连续在《语丝》周刊上发表《<走到出版界>的"战略"》、《新的世故》等,甚至还做了一篇叫做《奔月》的小说来讽刺高长虹暗算自己的老师。

然而其他的学生们仍然觉得不够,觉得鲁迅胆怯了,觉得鲁迅不像是他了。是啊,鲁迅在恋爱中,恋爱中的鲁迅内心里所关

---

① 《鲁迅作品全编·两地书》,浙江文艺出版社 2000 年版,602 页。

注的词语有了大大的变化,譬如,他关注到了以前不曾关心的领域:锅灶、毛背心、印章、袜子,甚至是半夜的邮局、尿壶和点着蜡烛抄写信件的甜蜜。对于高长虹这样一个自诩太阳的毛头小子,他现在几乎不愿意搭理了,觉得理会他,也是对生命的浪费,他更愿意把时间浪费在和许广平谈情说爱上。

送别会照例还要参加,甚至每次都要先演讲一通,获得一些掌声才能结束。有一个从广州来的记者还专程跑到厦门大学来采访鲁迅,试图获得一些独家的新闻。鲁迅也都一一应付了。他对许广平说:"这几天名人做得太苦了。"

因为,刚刚从河南中州大学来了几个学生,要转学到厦门大学,专门来听鲁迅的课的,现在听说鲁迅要去中山大学,便很难过,想了一想,又回到河南了。鲁迅没有办法,只好给《语丝》周刊又写了一个启事,说明自己要离开厦门大学到中山大学了,请外地的学生不要再来厦门大学投奔了。这一下可好,有更多的学生写信过来,要同他一起转入中山大学。

甚至还有几个年轻的老师,也要跟着鲁迅走。

到这个时候,鲁迅的名人生涯又重新打开了一个窗口,广州,那个没有多少文化的城市,正翘首期待着他去,当然,最重要的,那个城市里有一个温暖的怀抱,让他贪恋。

之三十五　鲁迅的助教

这无疑是因为孙伏园在信里的那句「骗先说，鲁迅一到，即送聘书可也」刺激了鲁迅，为了许广平的工作，为了能和自己心爱的女人共同生活。他决定早一些时候到中山大学。

许广平的家住在广州市高第街的中间，从广州女师大辞职以后，许广平住到了家里。鲁迅的那封信没有写具体的门牌号，只凭着模糊的印象写了"高第街"三字，然而许广平竟然收到了。许广平很是高兴，又复信一封给鲁迅说："我住的是街中间，叫做'高第街中约'，倘加上'旧门牌一七九号'，就更为妥当。"①

这是 1926 年 12 月 30 日的傍晚时分，中午的时候，许广平已经写过一封信了。

中午的时候，许广平很开心，但又不能确定。因为孙伏园留了一信给她，告诉她，中山大学已经同意聘她作为鲁迅的助教，等鲁迅一到广州，便将聘书给她。许广平有些不信，以为孙伏园和自己开玩笑呢。但孙伏园又说得正经，说是中山大学的校长朱家骅已经同意了的。于是许广平在中午致鲁迅的信（两地书·一〇七）中写道："作为你的助教，不知是否他作弄我？跟着你研究自然是好的，不过听说教授要多编讲义而助教则多任钟点，我能讲得比你强吗？这是我所顾虑的地方。又，他说聘书待你到后再发，临时不至于中变吗？现在外间对于中大，有左倾之谣，而我自女师风潮以后，反对者或指为左派，或斥为共党。我虽无所属，而辞职之后，立即进了左的学校去了，这就能使他们证我之左，或直目为共，你引我为同事，也许会受牵连的。先前听说一个中学缺少职员，这回我想去打听一下，倘能设法，或者

---

① 《两地书·一〇八》，人民文学出版社 1973 年版，249 页。

不如到那边去的好罢。"

在这段书信里,许广平的心里颇为犹豫,一是很想去,但又担心自己讲课讲得不好;二仍是想去,但又怕自己在风潮之后的左倾身份株连到鲁迅。

鲁迅到接到许广平的疑惑信之后,马上就复信了,在此之前的信中,鲁迅已经将孙伏园致自己的信附上,寄给了许广平。有一封信,鲁迅只是裁取了部分,如下:

豫才先生:

　　许广平君已搬出学校,表示辞职决心,我乃催问骝先(即朱家骅,中山大学校长),据他说校中职员大概几十块钱,是不适宜的。我便问他:你从前说李遇安君可作鲁迅之助教,现在遇安不在,鲁迅助教可请广平了。他说助教也不过百元,平常只有八十。那么我说百元就百元罢。(好在从下月起,因为财政略微充裕,可以不搭公债。)骝先说,"鲁迅一到,即送聘书可也。"许君处尚未同她说过,一二天内,我当写信给她,以免她再去弄别的事。先生能早来最好。

又因为许广平在信中担忧让助教讲课,鲁迅便告诉她,在北京大学和厦门大学,助教都是不需要讲课的,尤其是厦门大学,只有教授请假时,助教才去代几天的课。由此类推,中山大学也应该差不多。在信里,鲁迅向许广平打保票,劝她不要去问询中山大学附中的教职,助教不会有问题,若真是像她说的那样有了中变,他逼着朱家骅也会给她谋个职位的。

这封信写完已经是凌晨三点,整整一天的时间都在做名人,的确有些累。下午的时候请吃饭的是一群憎恶鲁迅的人,譬如黄坚,但是在宴会上,竟然对鲁迅尊敬有加,希望鲁迅能多吃些好吃的东西,封住嘴,总是有好处的。

而许广平的工作似乎已经基本确定了,做鲁迅的助教。

在《两地书》中,许广平的工作情况非常清晰,从一开始的训育主任,再到后来的兼做宿舍管理员(即舍监),总之,成为了学校里的三大主任之一。甚至到后来,学校校长辞职跑掉了,其他两个主任也都跑掉了,只剩下许广平一个人苦苦支撑。

1926 年 11 月底的时候,许广平一个人在苦苦支撑着学校,汕头的一所学校想聘请她前去,但因为鲁迅即将到广州来,她拒绝了。在 11 月的最后一天的晚上,她写信给鲁迅:"汕头我没有答应去,决意下学期仍在广州,即使有经济压迫,我想抵抗它试试看,看是它胜过我,还是我打倒它。"

两天后,许广平所在的女子师大的校长要逃到香港去,许广平和另外的两位主任也决定卸去维持校长职务的责任,也就是说,不管了,学校放假。到了 12 月 6 日,因为经费不足,学校停课放假了,学生们开始闹事,在省政府在教育厅等单位聚会,提出要求,要让宋庆龄出任校长才能结束集会。然而,事情还没有结束,当时在任的广东省教育厅的厅长是许广平的一个远房的亲戚,为了使学生赶快上课,他们经过商议竟想让许广平上任学校的校长。

这一下可把许广平吓坏了,因为禁止学生聚会闹事,许广平已经和学生闹得翻了脸,如今若是许广平当上了校长,则学校一定会更加热闹的。看到事情有些危机,许广平连忙收拾东西回家。12 月 16 日,许广平告病回了家,但仍然故意留一些东西在学校里,是为了等鲁迅的信件。

在这里没事的时候,许广平把母亲用过的缝纫机取了出来,把自己的旧衣服都翻出来,重新修补了一遍。还给自己的小侄子织一件小毛线衣物。累了,便看看书,日子倒也惬意得很。虽然是病假,但仍然没有完全辞职,12 月 15 日,许广平到学校取信的时候,发现一起工作的总务主任也辞职了,他要到中山大学做秘书。至此,学校里校长辞职了,另外两个主任也辞职了,学校里唯一的负责人就是许广平了。许广平在在当天致信(《两地书》一〇〇)鲁迅时说:"我才恍然大悟,做了傻子,人们找好事情,溜之大吉,而我还打算等有了交代再走,将来岂不要人都跑光,校长又不回来,只剩我一个独受学生的闷气,教职员的催逼吗?我急跑去找校长面辞,并陈述校中情状,正说之间,教务主任却又回来了,他不承认有辞职之事,说是只因为忙,所以未到,明天是可以到校的云云,我也不知道的确与否。"

12 月 23 日许广平致信鲁迅(《两地书》一〇三)写道:"日前有一个旧同学问我省立中学缺少职员,愿去否?我答愿意。职员我是做厌了,不过如无别处可去,我想也只得姑且混混。不知你以为何如?"

这段信在原信并非如此,是天津的同学邓颖超写信告诉许广平说,中山大学附中有教员空缺,不出于何因,在出版的时候,鲁迅故意删去了人名,大约出版时,邓颖超已经是共产党了。

12月25日,许广平从报纸上看到了校长廖冰筠辞职的消息,立即跑到了学校,将自己的物品都搬回了家,因为校长在报纸上的呈文中表示,她辞职以后要许广平或者另一个李姓职员共同担任校长的职务。许广平怕被委以重任,连忙将所有用品搬回家中,以示决绝。

搬回到家里以后,许广平住在家嫂那里,除孩子们热闹一些之外,一切都很安好。

正是在这个时间,孙伏园去找许广平,发现她已经搬出了学校,遂留了一封信给她,告知她,已经代她谋得了中山大学助教一职,不用再奔波于求职了。

林语堂在厦门大学工作的时候,除了聘请了一批北大的教授之外,自己家的人几乎悉数入了厦门大学,大哥林景良和六弟林幽均出任厦门大学国学院编辑,和章廷谦是一样的工作。还有二哥林玉霖是厦门大学外语系的教授,还兼学生处的处长。

鲁迅也一样,就职中山大学教务处主任时,不但聘请许广平担任自己的助教,还安排了自己的好友许寿裳、学生章川岛以及诸多旧友的工作。

　　这无疑是因为孙伏园在信里的那句"骝先说，鲁迅一到，即送聘书可也"刺激了鲁迅，为了许广平的工作，为了能和自己心爱的女人共同生活。他决定早一些时候到中山大学。

之三十六　二太太的谣言

宴之敖是鲁迅的一个笔名，他自己的解释是：

「宴」字从「家」、从「日」、从「女」，「敖」字从「出」、从「放」。这个笔名的意思是：被一个日本女人从家里逐出来。

关于高长虹喜欢许广平而作了一首《月亮诗》的流言，是从韦素园的信里流出的。韦素园也是听沉钟社的人说的。鲁迅有些不信，并没有在信里告知许广平。

然而，刚刚生完孩子到厦门大学报到的章川岛夫妇，一到校就去找鲁迅，章川岛告诉了鲁迅实情，原来，这种流言早在北京的时候就有了，传播的人很多，有王品青、孙伏园、章衣萍、李小峰、二太太……不仅这些人传播流言，后来从北京接了家眷回来的黄坚和顾颉刚也在厦门大学向学生们和其他老师广泛传播：鲁迅之所以接受中山大学的邀请是要寻找他的月亮，他是黑夜。在一次送别鲁迅的晚餐上，同事陈万里半开玩笑地向鲁迅求证此事，鲁迅没有正面回答，只是给他碰了个软钉子。不过在书信里，鲁迅还是乐意做一下夜晚的，仿佛，他说道："况且如果是'夜'，当然要有月亮，倘以此为错，是逆天而行也。"

在北京传播流言的人中有二太太。这是鲁迅在《两地书》中第一次提到周作人的老婆羽太信子。许广平第一次给鲁迅写信是 1925 年 3 月，此时鲁迅和周作人已经分开近两年的时间了，所以，鲁迅从未在信里面向许广平介绍过自己的这位大文学家弟弟和日本弟媳。

其实这位二太太并不是第一次造鲁迅的谣。这位二太太之所以反感鲁迅，和经济有关。她第一次造鲁迅的谣言是这样的——在鲁迅的日记中，有过这样的记载：

1924 年 6 月 11 日,晴,风。晨得陈翔鹤信。上午寄郑振铎信。寄阮和森信。往山本医院为母亲取药。寄伏园校稿。下午往八道湾宅取书及什器,比进西厢,启孟及其妻突出骂詈殴打,又以电话招重久及张凤举、徐耀辰来,其妻向之述我罪状,多秽语,凡捏造未圆处,则启孟纠正之,然终取书、器出。

这是鲁迅最后一次进入八道湾住宅,从此以后十二年再未去过。

日记中的启孟自然是周作人,而"其妻"自然就是前面致许广平书信中所提及的二太太羽太信子。羽太信子是鲁迅和周作人等人在日本留学时租住伍舍时的佣人,按照时间的先后顺序的话,鲁迅认识羽太信子更早一些。然而,周作人和羽太信子相爱后结婚,为了供应周作人继续在日本读书,鲁迅不得不回国教书,之后因为好友许寿裳的关系进了教育部任职,然后才到了北京。八道湾是鲁迅花了极多心思装修出来的一个家,初时,三兄弟及母亲同住在一起,兄弟怡怡,然而,据鲁迅日记载:

1923 年 7 月 14 日,晴。午后得三弟信。作大学文艺季刊稿一篇成。晚伏园来即去。是夜始改自室吃饭,自具一肴,此可记也。1923 年 7 月 19 日,昙。上午启孟自持信来,后邀欲问之,不至。下午雨。7 月 26 日,晴。上午往砖塔胡同看屋。下午收拾书籍入箱。8 月 2 日,雨,午后霁。下午携妇迁居砖塔胡同六十一号。

这几天的日记已经把兄弟反目的事实说得明明白白。周氏兄弟反目的事情是五四以来一段公案,考证这段历史的鲁迅研究学者们,说了大段大段的车轱辘一样的话,也没有任何建设性的意见。无非用郁达夫的回忆文字、许寿裳的回忆文字、许广平的回忆文字以及章川岛的回忆文字来佐证。

林语堂在自传的附记中写道到周氏兄弟,说鲁迅极热,而周作人极冷。两人都有天才,而冷不如热。林语堂和周氏兄弟同是语丝社同仁,因为常在北京中央公园茶话,和周氏兄弟相交颇多,譬如1926年邀请鲁迅到厦门大学。虽然周氏兄弟共同出席语丝的茶社,但是两兄弟却已经不说话,林语堂在回忆文字里提到这样一句:"但是两位弟兄不大说话,听说是因为周作人的日本太太。我也莫知其详。"

这位日本太太究竟是如何挑拨兄弟的呢,鲁迅那天的日记里仿佛欲言又止,只是说了一句"凡是捏造未圆处,则起孟纠正之"。

著名鲁迅研究专家陈漱渝在《鲁迅与周作人失和前后》一文中有关于此次搬迁的详述:

鲁迅与周作人青少年时代"兄弟怡怡"的情景早为人们所熟知;他们在五四新文化运动中并肩战斗的业绩,也已成为中国现代文学史上的佳话,查阅鲁迅与周作人的日记,直到 1923 年上半年,他们还维持了兄弟之间正常的关系:他们在八道湾一起生活,共同指导北京大学春光社的文学青年,多次与中外友人聚餐品茗……直至当年的七月三日,兄弟俩还同去东安市场和东交民巷买书购物。七月十四日,《鲁迅日记》突然出现了这样的记载:"是夜始改在自室吃饭,自具一肴,此可记也。"周作人同日日记没有这方面的记载。七月十七日,周作日记记载:"阴。上午池上来诊。下午寄乔风函件,焦菊隐、王懋廷二君函。七月《小说月报》收到。得玄同函。"周作人承认,这则日记原来还有大约十个字,涉及他与鲁迅矛盾的内容,但被他后来"用剪刀剪去了"。(《知堂回想录》一四一,《不辩解说(下)》)

这里值得注意的有两点:一是池上来诊。池上是常来八道湾看病的日本医生。周作人之妻羽太信子有癔病,经常歇斯底里大作发作。周作人同年一月七日日记中就有"信子发病,池上来诊"的记载。二是鲁迅当天的日记毫无与家庭矛盾有关的内容。七月十八日,周作人给鲁迅写了一封信,全文是——"鲁迅先生:我昨天才知道,——但过去的事不必再说了。我不是基督徒,却幸而尚能担受得起,也不想责谁,——大家都是可怜的人间。我以前的蔷薇的梦原来都是虚幻,现在所见的或者才是真的人生。我想订正我的思想,重新入新的生活。以后请不要再到后边院里来,没有别的话。愿你安心,自重。七月十八日,周作人。"①

读到这封信的时候,大家随即都会想到鲁迅是不是和自己的弟媳妇有不正当的关系。因为周作人在短信里说"我不是基督徒,却幸而尚能担受得起,也不想责难"。基督徒是不允许男女私通的,否则就会受到全体教徒的责难。那么周作人不愿意责难,的确是有些隐约,仿佛是说,你要自重,不要来勾引你的弟媳了。

这样联系起鲁迅在日记里说二太太骂他的话,便有些说通了。甚至事情过了近一年的时间,鲁迅去取书的时候,还又骂骂咧咧。

关于鲁迅和周作人的矛盾,在三十年代的一些小报上,也被当作桃色新闻,被狠狠地书写过。上世纪三十年代的《大公报》上曾刊登一篇《鲁迅和羽太信子》的文章,文章很短,但文章却很是被流传了一阵子,因为这篇文章的作者仿佛亲眼看到了鲁迅偷看羽太信子洗澡一样。语气很是肯定,然后羽太信子十分生气,便向周作人告发鲁迅,这才有了兄弟反目的事实。

然而这文章毕竟是绯闻,过不久便烟消云散。直到鲁迅逝世,郁达夫写回忆录时,才提到此事:"在我与鲁迅相见不久之

---

① 陈漱渝《鲁迅与周作人失和前后》,《鲁迅史料考证》河北教育出版社 2002年版,196 页。

后，周氏兄弟反目消息，从禄米仓的张徐二位听到了。原因很复杂，而旁人也终于不明白是究竟为了什么。但鲁迅的一生，他与周作人氏，竟没有和解的机会。本来，鲁迅和周作人氏哥儿俩，是住在八道湾的那一所大房子里的。这一所大房子，系鲁迅在几年前，将他绍兴的祖屋卖了，与周作人在八道湾买的；买了之后，加以修缮，他们兄弟和老太太就统在那里住了。俄国的那位盲诗人爱罗先珂寄住的，也就是这一所八道湾的房子。后来，鲁迅和周作人氏闹了，所以他就搬了出来，所住的，大约就是砖塔胡同的那一间小四合了。所以，我见到他的时候，正在他们的口角之后不久的期间。据凤举他们的判断，以为他们兄弟间的不睦，完全是两人的误解。周作人氏的那位日本夫人，甚至说鲁迅对她有失敬之处。但鲁迅有时候对我说：'我对岂明，总老规劝他的，教他用钱应该节省一点，我们不得不想想将来，但他对于经济，总是进一个花一个的，尤其是他的那一位夫人。'从这些地方，会合起来，大约他们反目的真因，也可以猜度到一二成了。"①

　　这位二太太花费大度是真的，不止一个人回忆，在鲁迅的儿子周海婴出版的新著《鲁迅与我七十年》一书，也有关于羽太信子用钱无度的很多记录，譬如周建人就是被羽太信子逼到上海去的，到了上海以后，周建人还要每个月往羽太信子那里寄钱，

---

① 　郁达夫《回忆鲁迅》，《永在的温情》，河北教育出版社 2002 年版，147 页。

因为他娶了羽太信子的小妹,直到有一天,周建人上班时劳累过度,晕倒了,同事中有一个叫王蕴如的女孩子照顾他,这才谈了一场新的恋爱,彻底摆脱了羽太信子的控制。

羽太信子花钱大手大脚,喜欢买最好的东西,这是周氏兄弟的矛盾的一个导火线。鲁迅劝周作人有时间好好地管理一下羽太信子,然而周作人不大会做人,在劝说羽太信子节俭的时候,他竟然把鲁迅出卖了,他说:"大哥看你花钱太浪费了,所以你要注意一些。"于是,羽太信子便开始在鲁迅不在的时候乱花钱,而当着鲁迅的面又耍另一套把戏。

然而,这样也不行,当时在八道湾负责采购东西的一个管家叫做齐坤,很会讨好羽太信子,此人颇为狡猾,有一次鲁迅发现他买东西占了一些小便宜,便把他叫到身边来说了他两句。鲁迅又特地跑到羽太信子那里说明了情况,谁知,羽太信子不但不骂齐坤,还专门交待齐坤一定要避开鲁迅才行。

到了这个时间,鲁迅已经成为阻挡羽太信子大手大脚花钱的绊脚石了。

据日本作家增田涉回忆说,鲁迅喜欢孩子,常常买一些糖果放在口袋里,回到家里,见到周作人的孩子或者周建人的孩子便会蹲下来,掏出糖给他们吃,然而,一旦被羽太信子发现,会立即把糖从孩子手里夺回来,扔得远远的,并骂骂咧咧地说,脏了。

定居上海以后,在茶余饭后,鲁迅会和许广平说起自己的遭遇。他很凄凉地描绘了他的心情,说:"我总以为不计较自己,总该家庭和睦了罢,在八道湾的时候,我的薪水,全行交给二太太（周作人之妻羽太信子）,连周作人的在内,每月约有六百元,然而大小病都要请日本医生来,过日子又不节约,所以总不够用,要四处向朋友借,有时借到手连忙持回家,就看见医生的汽车从家里开出来了。我就想,我用黄包车运来,怎敌得过用汽车带走的呢。"

这是一段是许广平回忆鲁迅的文章里关于这位二太太的描述。

兄弟失和,与二太太的挑拨一定是有关系的。但是究竟是因为金钱的问题,还是鲁迅有失敬的地方呢,到目前为止也无定论。鲁迅的学生,那位一撮毛哥哥,章川岛先生在访问鲁迅博物馆时曾经说过:"鲁迅后来和周作人吵架。事情的起因可能是,周作人的老婆造谣说鲁迅调戏她。周作人的老婆对我还说过:鲁迅在他们的卧室下听窗。这是根本不可能的事,因为窗前种满了花木。"[①]

兄弟反目之后,鲁迅搬出了八道湾住宅,先是暂避到俞英崖为三个女儿租住的砖塔胡同的一个小房子里,不久后,又在宫门口西三条胡同里买了房子。刚反目后,兄弟两个虽然不说话,但有时候共同的活动,还是参与的,譬如,女师大风潮时,鲁迅起草

---

① 陈漱渝《鲁迅与周作人失和前后》,《鲁迅史料考证》河北教育出版社 2002年版,200 页。

的那个反对杨荫榆的宣言,周作人也是签了名的。

鲁迅在砖塔胡同居住期间,帮许钦文编辑一本书,给孙伏园写了信,内容如下:"伏园兄:惠书已到,附上答王君笺,乞转寄,以了此一件事。钦文兄小说已看过两遍,以写学生社会者为最好,村乡生活者次之;写工人之两篇,则近于失败。如加淘汰,可存二十六七篇,更严则可存二十三四篇。现在先存二十七篇,兄可以先以交起孟,问其可收入《文艺丛书》否?而于阴历年底取回交我,我可于是后再加订正之。"此信中,鲁迅通过孙伏园向周作人推荐许钦文的作品,矛盾似乎并没有到不可开交的地步。①

但是过了不久,鲁迅去八道湾取书,不知为何,矛盾扩大了,二太太羽太信子造谣辱骂,周作人甚至还拿一个空空的花盆向鲁迅砸过来。

这一次是鲁迅和周作人的彻底决裂,大概是 1929 年,鲁迅向北京孔德学校推荐一个学生,叫做韩侍桁,他在晚年的《忆恩师鲁迅》中写到过诸多鲁迅的事情,其中有一件,事关周作人和鲁迅的矛盾。

韩在日本时曾经给鲁迅先生买一些书,所以一直通信联系较多。1929 年 4 月间,鲁迅先生去北京探亲,其实应该是为了参加苏联的一个世界作家大会什么的。此时韩侍桁也要从日本回国,希望能回北京找个工作,就写信托鲁迅。为了韩侍桁的工

---

① 《鲁迅书信集·上》,人民文学出版社 1976 年版,55 页。

作,鲁迅先生在北京专门找了马幼渔、张凤举等人帮忙。鲁迅曾经在两地书中两次提到。一封是 1929 年 5 月 23 日的信:"明天仍当出门,为侍桁的饭碗去设法。"另一封信是 1929 年 5 月 25 日的,写到:"我今天出门,是为侍桁寻地方去的,和幼渔接洽,已略有头绪。"

当年 7 月,韩从日本回国,鲁迅在 1929 年 7 月 31 日致李霁野的信中也曾经写到"荐了一个,也各处被挤"。到北京以后,韩侍桁得到马幼渔的帮助,于是,韩在北京大学东方文学系一个星期上三节课。但是钱不够,于是,马幼渔就又帮助韩联系孔德学校兼课的事情。这个事情被周作人知道了,他不同意。后来鲁迅对韩讲,周作人这样说的:"我的女儿在孔德学校读书,不能请鲁迅介绍的人来教书。后来因为周作人又是北京大学东方文学系的主任,韩侍桁连北京大学也不去了,回了山东。

由此可见,到了 1929 年,二周的关系已经到了崩溃的边缘。

鲁迅去世后,回忆文章很多,许寿裳因为和鲁迅交往数十年,而此人在解放前便到了台湾,所以他的文字最为可信。他在回忆鲁迅时曾写道:"作人的太太羽太信子是有歇斯底里性的。她对鲁迅,外貌恭顺,内怀忮忌。作人则心地糊涂,轻听妇人之言,不加体察,我虽竭力解释开导,竟无效果,致鲁迅不不得已移居外客厅,而她总不觉悟。鲁迅遭工役传言来谈,他又不出来,于是鲁迅又搬出而至砖塔胡同了。从此两人不和,成为参商。"(许寿裳《亡友鲁迅印象记》)

鲁迅搬出八道湾之后，有一阵子，心情特别郁闷，再加上工作又忙碌，身体很不好。身心俱疲的情形下，鲁迅曾经在 1924 年 9 月 21 日，往八道湾取自己的书物，被周作人、羽太信子谩骂殴打出来的三个月后，他在所写的《俟堂专文杂集·题记》中，愤慨地记录了这次谩骂殴打事件，文说：

> 曩尝欲著《越中专录》，颇锐意搜集乡邦专甓及拓本，而资力薄劣，俱不易致，以下余年之勤所得仅古专二十余及打本少许而已。迁徒以后，忽遭寇劫，予身逋逃，止携大同十一年者一枚出，余悉委盗窟中。日月除矣，意兴亦尽，纂述之事，渺焉何期？聊集燹余，以为永念哉！甲子八月廿三日，宴之敖者手记。

宴之敖是鲁迅的一个笔名，他自己的解释是："宴"字从"家"、从"日"、从"女"，"敖"字从"出"、从"放"。这个笔名的意思是：被一个日本女人从家里逐出来。

这个笔名后来又反复用过，这个笔名的意思第一次被解释是萧红问许广平的时候，许广平解释的。从这个名字里，能看出鲁迅隐在骨子里的那份幽默，即使身体被殴打了，心情郁闷着，所起的名字，依然藏着几分冷色的幽默和自嘲。

关于二周的恩怨，最新的研究成果，见于 1964 年 6 月，香港友联出版公司出版了赵聪的《五四文坛点滴》一书，其中收入了《鲁迅与周作人》一文。这篇文章篇幅不长，主要是征引鲁迅日记中有关兄弟失和的记载。文中写道："许寿裳曾说过,他们兄弟不和,坏在周作人那位日本太太身上,据说她很讨厌她这位大伯哥,不愿同他一道住。"周作人收到了鲍耀明寄赠的这本书。他在同年 10 月 17 日致鲍耀明信中说："昨日收到《五四文坛点滴》,谢谢。现已读了十之八九,大体可以说是公平翔实,甚是难得。关于我与鲁迅的问题,亦去事实不远,因为我当初写字条给他,原是只请他不再进我们的院子里就是了。"同月 30 日致鲍耀明信说："《五四文坛点滴》据我所知道的来说,大抵去事实不远。著者似尚年轻,唯笔下也还慎重,这是很难得的。"同年 11 月 16 日致鲍耀明信又说："鲁迅事件无从具体说明,唯参照'五四点滴'中所说,及前次去信约略已可以明白。"①

阐述完毕周氏兄弟的恩怨之后,再看《两地书·一一二》中的片断,自然易于理解了。在这封信里,鲁迅还向许广平说了章衣萍等人的阴暗,原来,章衣萍每一次都不想到客厅里坐,只想坐在鲁迅的卧室里说话,其原因是他们在外面打好了赌,说是鲁迅在房间里藏了许广平。当然,章衣萍只是年轻人的娱乐,而二太太则完全是一个造谣爱好者。比如,鲁迅托许羡苏买了几株柳树,然而却引来了一番闲话,原信是这样的:"我托羡苏买了几株柳,种在后园,拔去了几株玉蜀黍,母亲也大不以为然,向八道

湾鸣不平,听说二太太也大放谣言,说我纵容学生虐待她。现在是往来亲密了,老年人容易受骗。所以我早说,我一出西三条,能否复返,是一问题,实非神经过敏之谈。"

在以后的时间,譬如鲁迅的原配朱安女士,也是从二太太的口里知道鲁迅已经和许广平结婚生了孩子。其实,彼时,鲁迅刚刚和许广平住在一起,并没有孩子。可见,除了自己的臆病之外,造谣的确是羽太信子的一大爱好。

之三十七　我可以爱

我先前偶一想到爱，总立刻自己惭愧，怕不配，因而也不敢爱某一个人，但看清了他们的言行思想的内幕，便使我自信我决不是必须自己贬抑到那么样的人了，我可以爱！

　　从厦门到广州的路线,鲁迅和许广平在书信里已经复习过多次了,自然要在香港做一个停留。晚饭的时候到了香港,却要第二天早晨九点才能启航。所以,鲁迅在船上有些寂寞。同房间的一个年轻人在香港下了船,只剩下他一人,从封好的旅行包里艰难地掏出纸和笔,鲁迅又开始写信。打算明天早上若有时间登陆的话,便在香港将信寄出,寄不出也没有关系。闷得慌,就写两句身边的情况。

　　《两地书·一一三》是《两地书》中的最后一封恋爱信件,在船上写的。每一次读到此信,都会想起恋爱大王徐志摩兄,他也在船上给陆小曼写过信的,但他写信的条件要差很多,不像鲁迅,有一个阔气的单人间。徐志摩是在人来人往的甲板上,把信纸放到船舱的墙壁上写信,一边称呼亲爱的小曼,一边还要把屁股向里面贴紧一些,让一个抱小孩子的妇女过去。那情景实在是戏剧化得很。

　　鲁迅倒没有来得如此热烈和急切,却也有一样浓郁的感情。从厦门到广州之后,鲁迅和许广平便结束了恋爱,直接步入了谈婚论嫁的路径。第二天就要抵达广州,所有在信里能说的或者不能说的话语,都可以在人少的时候悄悄说起。

　　《两地书》共分为三辑,第一辑在北京时,两个人只是定了情,初恋;第二辑是一个在厦门,一个在广州,是热恋。空间和时局煎熬了他们,能让他们耐得住这寂寞的,正是两个人不离不弃的心。所以第二辑中的书信是鲁迅一生中最为热烈的时候。然而,第三辑是结婚后的通信,当时鲁迅回北京探望母亲的病,许广平当时大着肚子,在家里期待着鲁迅的信,自然也是情深意切的,但是,这毕竟是幸福的后话了。

只有这封在船上的信,马上要见面的信,最能表达鲁迅激动的内心。然而这封信里并没有说任何缠绵的情话,因为是在船上,四周有嘈杂的人声。而关于爱情,鲁迅在上封信里已经说明白了的。

那信很是著名,即是《两地书·一一二》这封长信,在这封信里,鲁迅说了高长虹骂他的缘由。但是,也是在这封信里,鲁迅第一次向许广平求爱,不再遮掩,不再犹豫,不再胆怯地一边后退一边说,我不愿丢掉我的朋友。这一次鲁迅的态度唯一了,用力了。如下:"我对于'来者',先是抱着博施于众的心情,但现在我不,独于其一,抱了独自求得的心情了。这即使是对头,是敌手,是枭蛇鬼怪,我都不问;要推我下来,我即甘心跌下来,我何尝高兴站在台上?我对于名声、地位、什么都不要,只要枭蛇鬼怪够了,对于这样的,我就叫做朋友。"

这是向许广平表达,他只喜欢许广平一个的态度,鲁迅的意思,对于来者,我以前或许只是当作学生或者需要帮助者,现在不了,我把你当成我唯一的爱人了。在接下来的信中,更是一味地表白,一句"这是你知道的"作了开场词,列举了自己在许广平面前所做的一些工作,譬如晚上熬夜替高长虹校对,校得吐了血,要吃药才能继续工作,譬如给许钦文编选小说集,譬如帮李霁野付学费,譬如帮助韦素园治病,譬如帮助李秉中寻找出版社,譬如帮助向培良等人创办新的报纸副刊……然而,他们呢,这些人都做了些什么呢?"看见我有女生在座,他们便造流言。这些流言,无论事之有无,他们是在所必造的,除非我和女人不见面。他们大抵是貌似作新思想者,骨子里却是暴君酷吏、侦探、小人。如果我再隐忍、退让,他们更要得步进步,不会完的。我蔑视他们了。我先前偶一想到爱,总立刻自己惭愧,怕不配,因而也不敢爱某一个人,但看清了他们的言行思想的内幕,便使我自信我决不是必须自己贬抑到那么样的人了,我可以爱!"

这封信在出版的时候被改动了几个字,原信是:"但看看他们的言行思想,便觉得我也并不算坏人,我可以爱。"①

在广州登陆以后,进入中山大学,先是住在钟楼西面的二楼上。因为来访者太多,太辛苦,便于三月底让许广平找到一个白云楼,他和许寿裳、许广平三个合住。这个时间,两个人并未同居,但是许广平负责做饭,鲁迅总算可以吃到可口的饭食。

在中山大学,许广平是鲁迅的助教,除了平时替鲁迅抄写东西之外,还要负责做他的翻译,比如鲁迅到香港的演讲,包括在广州市教育局所作的那个著名的《魏晋风度及文章与药及酒的关系》的演讲,均是由许广平陪同前去,并作广东话的翻译的。

在中山大学四个月的时间里,帮助好友许寿裳解决了工作

---

① 《鲁迅作品全编·两地书》,浙江文艺出版社 2000 年版,606 页。

（但不久许也和鲁迅一起辞职），还在广州开了几个月的书店，其间还雇佣了许广平的妹妹许月平照看着书店。刚到中山大学不久，他就致信章廷谦："我在这里，被抬得太高，苦极。作文演说的债，欠了许多……我想不做'名人'了，玩玩。一变'名人'，'自己'就没有了。"①

正因为鲁迅的名气，一些进步的青年与鲁迅便走得近，然而，1927 年 4 月 12 日，蒋介石发动政变，清党，抓捕了许多左翼的青年学生。鲁迅营救学生未遂，又加上中山大学准备聘请顾颉刚等人，他一气之下，辞职了。

关于鲁迅的辞职，傅斯年曾经去鲁迅的办公室拼命挽留，傅斯年的办法是：顾颉刚虽然被聘到中山大学，但是第一学期不让他上课，只派他到北京去购书，不和鲁迅见面。傅斯年是鲁迅的学生，当年，他与罗家伦等人创办《新潮》杂志的时候，傅斯年曾经约请鲁迅点评杂志，鲁迅当时是著名的畅销书作家，对傅斯年很是帮助，赞美了他。然而，这一次，鲁迅在办公室里严厉批评了傅斯年，导致傅斯年跑到校长朱家骅家里痛哭流涕。

因为同在一地生活，又同在一起工作，书信不写了，但不论鲁迅做什么样的事情，许广平都是支持的。比如，鲁迅的辞职，许广平便是支持的。北京回不去了，因为前不久收到一封信，朱安女士的一个兄长要住进西三条里，家里面很充实了。没有多

---

① 《鲁迅书信集·上》，人民文学出版社 1976 年版，130 页。

余的地方,自然,这也只是鲁迅的托辞,因为,他不可能带着许广平住进北京的宅院里。

南京有一个期刊想请鲁迅,也被拒绝了,他计划到上海去,原因是周建人在上海,当然,也有可能是因为李小峰想把在北京的《语丝》移到上海来办,想请他编辑。总之,广州的革命气氛已经很不适合居住。鲁迅在 1927 年 9 月 19 日致一个名叫翟永坤的作者的信中写道:"我先到上海,无非想寻一点饭,但政、教两界,我想不涉足,因为实在外行,莫名其妙。也许翻译一点东西卖卖罢。"同一天晚上在致信章廷谦时,鲁迅写道:"自然先到上海,其次,则拟往南京,不久留的,大约至多两三天,因为要去看看有麟,有一点事,但不是谋饭碗,子公复膺大学院长,饭仍是蒋维乔袁希涛口中物也。"①

正是因为看到鲁迅的这前后左右的善良与朴实、烂漫与天真、偏执与清高,许广平才一往无前地追随着,不惜放弃自己的一切喜好,充当厨师、翻译、助教、洗衣工及崇拜者。1927 年 9 月 29 日,鲁迅和许广平两人同船离开广州,开始了他们的婚姻生活。

---

① 《鲁迅书信集·上》,人民文学出版社 1976 年版,158 页。

之三十八

一件小事：鲁迅拒绝

诺贝尔文学奖提名

诺贝尔赏金，梁启超自然不配，我也不配，要拿这钱，还欠努力。世界上比我好的作家何限，他们得不到。你看我译的那本《小约翰》，我哪里做得出来，然而这作者就没有得到。

或者我所便宜的，是我是中国人，靠着这「中国」两个字罢，那么，与陈焕章在美国做《孔门理财学》而得博士无异了，自己也觉得好笑。

有一件小事件，也要提到，就是在离开广州之前，鲁迅曾经致信台静农，拒绝诺贝尔文学奖的提名。在信里，鲁迅的情操表达得很好，在二十世纪现代文学史上，能做到这件事的，只有此一人矣。

先把鲁迅致台静农的原信抄录一下：

静农兄：

九月十七日来信收到了。

请你转致半农先生，我感谢他的好意，为我，为中国。但我很抱歉，我不愿意如此。

诺贝尔赏金，梁启超自然不配，我也不配，要拿这钱，还欠努力。世界上比我好的作家何限，他们得不到。你看我译的那本《小约翰》，我哪里做得出来，然而这作者就没有得到。

或者我所便宜的，是我是中国人，靠着这"中国"两个字罢，那么，与陈焕章在美国做《孔门理财学》而得博士无异了，自己也觉得好笑。我觉得中国实在还没有可得诺贝尔赏金的人，瑞典最好是不要理我们，谁也不给。倘因为黄色脸皮人，格外优待从宽，反足以长中国人的虚荣心，以为真可与别国大作家比肩了，结果将很坏。

我眼前所见的依然黑暗，有些疲倦，有些颓唐，此后能否创作，尚在不可知之数。倘这事成功而从此不再动笔，对不起人；倘再写，也许变了翰林文字，一无可观了。还是照旧的没有名誉而穷之为好罢。

未名社出版物,在这里有信用,但售处似乎不多。读书的人,多半是看时势的,去年郭沫若书颇行,今年上半年我的书颇行,现在是大卖《戴季陶讲演录》了(蒋介石的也行了一时)。这里的书,要作者亲到而阔才好,就如江湖上卖膏药者,必须将老虎骨头挂在旁边似的。

还有一些琐事,详寄季野信中,不赘。

迅上,九月二十五日。[①]

在此之前,鲁迅因为营救学生未遂而对中山大学校委会失望,辞职。因为国内的局势一直不明朗,从广州到上海的船一直不通,鲁迅从四月份一直闲置在广州,期间还开了一间北新书屋。

1927 年 8 月 17 日,鲁迅写信给章廷谦:"矛尘兄:日前寄一函,意专在阻止将敝稿送于姨副(戏指杭州三五日报副刊,作者注),故颇匆匆。这几天我是专办了收束伏翁所办的书店一案,昨天弄完了,除自己出汗生痱子外,还请帮忙人吃了一回饭,计花去小洋六元,别人做生意而我折本,岂不怪哉。"[②]

①《鲁迅书信集·上》,人民文学出版社 1976 年版,161—162 页。
②《鲁迅书信集·上》,人民文学出版社 1976 年版,156 页。

有心的读者，可以查找一下这封信，信里的内容幽默至极。信里大概说了顾颉刚的种种不是，而自己迟迟离不开广州的原因是由于船员罢工。

一个月后，鲁迅收到北京自己的学生台静农的信件，信里面提到瑞典人斯文赫定在上海的时候听说鲁迅的名字，想请刘半农帮助，提名鲁迅作为诺贝尔文学奖的候选人。

鲁迅当即回复了上述这封信，那信里的态度丝毫也不暧昧，表达得截然。

对于这封确之凿凿的信件，仍然有许多人表示质疑，闻名中国的诺贝尔奖评委马悦然便是其中一个代表。2008 年 11 月 29 日，诺贝尔文学奖终身评委马悦然在一个主题为"诺贝尔文学奖与华文文学"的主题讲座上第一次公开辟谣，指瑞典学院从来没有问过鲁迅愿不愿拿奖，而被鲁迅回绝。他的原话是这样的："我知道大陆出了一些谣言，说瑞典学院院士斯文赫定在 1930 年代初在中国的时候，问过鲁迅他愿不愿意接受诺贝尔文学奖，说的是鲁迅拒绝接受。我查了瑞典学院的档案之后，敢肯定地说这只是谣言。瑞典学院从来没有问过一个作家愿意不愿意接受奖。"他指出，鲁迅之所以没有得到诺奖，是因为：第一、没有人推荐他；第二、他的文学作品是在他逝世后才被翻成外文。

持此观点的人还有蔡登山，这位一直为现代文学史上诸多作家写传记的台湾作家在大陆最近新出版了一本畅销书：《鲁迅爱过的人》。在这本书中的第九章《平生风义兼师友——台静农与鲁迅》中,蔡登山详细披露了鲁迅拒绝诺贝尔文学奖一事的详细经过,现摘录如下:"至于鲁迅在 1927 年拒绝诺贝尔文学奖的提名,多年来未得其详。1989 年北京鲁迅博物馆兼鲁迅研究室主任陈漱渝到台静农的台北寓所对他的访问中,台静农终于道出事情的原委:那年九月中旬,魏建功先生在北京中山公园举行订婚宴,北大同人刘半农、钱玄同等都前往祝贺。席间半农把我叫出去,说北大任教的瑞典人斯文赫定是诺贝尔奖金的评委之一,他想为中国作家争取一个名额。当时有人积极为梁启超活动,半农以为不妥,他觉得鲁迅才是理想的候选人。但是,半农先生快人快马,口无遮挡,他怕碰鲁迅的钉子,便嘱我出面函商,如果鲁迅同意,则立即著手进行参加评选的准备——如将参评的作品翻译成英文,准备推荐材料之类,结果鲁迅回信谢绝,下一步的工作便没有进行。鲁迅在 9 月 25 日接到台静农写于 9 月 17 日的信,当天就立即写信给台静农做了回复。在信中,鲁迅首先对刘半农'为我、为中国'的好意,表示深深的感谢,接着他以'梁启超自然不配,我也不配',故'不愿如此'的明确态度,断然拒绝了刘半农的提议。他还以他曾翻译过《小约翰》的作者望・蔼覃(F. W. VanEeden)未能获奖为例,说明"世界上比我好的作家"还很多,'要拿这钱,还欠努力'。"

从以上所摘文字可以看出,所谓的鲁迅拒绝诺贝尔文学奖提名一事,实际上只是鲁迅的朋友们的一厢情愿,而并非诺贝尔文学奖评委会和瑞典皇家学院的意见,有点中国作家自摆乌龙的意思。

然而，2005年，南方周末的记者夏榆在瑞典斯德哥尔摩采访诺贝尔文学奖评委会主席埃斯普马克时，这位主席曾经说过这样一段话："1988年有一位中国作家非常接近获奖。那就是沈从文。战前是没有来自中国的作家被提名。以前有一个考古学家斯文·赫定曾经建议把诺贝尔奖给中国的胡适，但是（瑞典）学院认为胡适不是一个作家，更像一个思想家或者改革家。所以没有给他。在1930年代中期，学院曾经派人给鲁迅带话，传给他一个讯息，就是想提名他。但是鲁迅自己认为他不配，他谢绝了。"

为了确认这个消息是否属实，夏榆还进一步问道："评委会把这个提名讯息传达给鲁迅本人了吗？"

埃斯普马克回答说：传达过。鲁迅拒绝了。而且鲁迅说中国当时的任何作家都不够资格获得诺贝尔奖。

埃斯普马克曾担任诺贝尔文学奖评委会主席长达17年之久，他有一本书已经有了中文版，叫做《诺贝尔奖内幕》。但是，他所说了鲁迅拒绝诺贝尔奖的时间，却与鲁迅的书信里提到不同，大约是埃斯普马克的记忆出错。

但在回答夏榆提出的关于参评诺贝尔奖的作品必须译成瑞典语的问题时，他回答道："我们读的作品不一定非要译成瑞典语。我们很多评委懂其他的语种：德语、法语，还有其他的北欧语言，还有意大利语、中文。如果有一种小语种是没有被翻译的,我们会去订购,请人去评估和翻译。但即使这样的话,我们也只订购 18 份,不会多做。这样的情况经常会发生。我们订购要读的一本书,有时候只印 18 本。而且那些评估和翻译书的人,我们不让他们互相有关系,这个人在中国,那个人就在另外的地方,不让他们之间有关系。而且我们也会请一些专家作评估,但是不管什么样的专家评估,我们所有的人都会自己作判断。必须所有的人自己看,自己作决定。所以我们不会忽视任何小语种的文学,如果没有那些语言,我们就会去找,我们不懂就会请人去译。"

而他的这段话,恰好推翻了马悦然的那段话,不一定要非要翻译才能获得诺贝尔文学奖。

鲁迅 1927 年拒绝诺贝尔文学奖提名的事情,当年的媒体未做任何报道,只在北京的圈子里流传了一下。但是,胡适还是知道了,第二年,当斯文·赫定询问胡适是否愿意提名诺贝尔文学奖时,也同样被胡适一口拒绝了。

显然,这是一种鲁迅效应。

之三十九　书店老板

这一天，鲁迅仿佛是下定了决心的，心里的负担又一次放下，然后很轻松地和许寿裳、许广平一起游玩，给童心未泯的许广平买了小玩具，还吃了冰淇淋，可见颇为欢乐。

阅读鲁迅日记和书信集,以及别人的回忆录,我发现了鲁迅在谈恋爱的空闲期,还有一段有趣的个人经历,那就是,1927年,鲁迅曾经在广州开过五个月的北新书店。

查鲁迅日记,1927年3月16日内容如下:雨。午后同季市、广平往白去路白云楼看屋,付定泉十元。往商务印书馆访徐少眉,交以孙少卿信。买《老子道德经》、《冲虚至德真经》各一本,泉六角。往珠江冰店夜餐。夜至拱北楼饮茶。

关于这所房子,日记里还有两处记载:

一处是1927年3月20日:星期三。晴。先后寄伏园信。寄春台信。寄三弟信。同季市(许寿裳)、广平往白云楼看屋,不见守屋人,遂记梅恕曾君。

另一处是1927年3月29日:黄花节。雨。晨得卓治信片,二十二日发。上午往岭南大学讲演十分钟,同孔容之归,在其寓小坐。下午晴。移居白云路白云楼二十六号二楼。夜雨。

至此,鲁迅搬家完成。

鲁迅和许广平住在了一起,除了有许寿裳做为灯泡或者作为证人来证明二人暂时的清白关系之外,学校的工作也已经辞了,鲁许二人有大量的时间一起外出,一起说悄悄话。书信自然不必了。

在1975年出版的《鲁迅研究资料》第三辑中,广东人何春才写了一篇《回忆鲁迅在广州的一些事迹和谈话》,他在文章里回忆了北新书屋的始末:

　　鲁迅先生到广州感到广州文艺园地非常寂寞。为了使南方爱好文艺的青年活跃起来,他同意孙伏园的提议,与北新书局联系,在惠爱路芳草街开设了一间北新书屋。三月底,许广平写了一篇题为《北新书屋》的短文登在《国民新闻》的副刊《新时代》上,起了广告作用,广州爱好文艺书籍的青年纷纷去买书,一时门庭若市。书是从上海北新书局邮寄来的,实际上是代北新书局销售该局出版的新文艺书籍,目的在于起到传播新思潮的作用。这间书屋是承顶别人租下来的房子开设的,实在简陋得很,只是一栋小楼房的二楼,前厅用一块长条柜隔开,约三分之一的位置给买书的人站立选购书籍,三分之二的地方放了几张插满了新书的架子。经常由一个小姑娘许月平在那里卖书,有时她的姐姐许广平也来帮忙,就是鲁迅先生偶然也来看看。他们做的是亏本生意。

　　我爱好文艺书籍,尤为爱好鲁迅先生的作品。每次北新书屋的新书一到,不管是创作还是翻译,我都应有尽有的买来看。我在北新书屋碰见过鲁迅先生一次,碰见许广平三次。鲁迅先生离开广州之前要结束北新书屋的业务,便于八月十五日约定与他接近的许广平、陈延进、廖立峨和我协助将所存的书籍廉价卖给永汉路共和书局。那天陈延进、廖立峨和我去到北新书屋时,鲁迅先生、许广平、许月平已先在那里包扎书籍,我们一到就帮忙,把所存的书很快包好。除许月平留在屋里收拾零星东西外,我们五个人一齐动手把包好的书提到马路,乘五部人力车,一次运完,把书点交给共和书局。

何春才的回忆文字很长,接下来就开始写鲁迅先生高兴地请他们大家吃饭并醉酒的情形。在何的描述中,鲁迅先生在广州的北新书屋主要店员就是许月平,书屋是三月底开张,而八月十五日关闭,一共持续了五个半月,而鲁迅在中山大学的工作却在1927年四月底和五月初就结束了。

鲁迅在1927年4月29日记中写道:昙。上午寄中山大学委员会信并还聘书,辞一切职务。寄骝先信。午后谢玉生来。得台静农信,十八日发。下午骝先来。得中山大学委员会信并聘书。

从日记中可以看出,中山大学并未同意鲁迅的辞职。查鲁迅日记也可以看到先后几次的挽留。

朱家骅把辞职信和聘书还给了鲁迅。然而5月3日。鲁迅又一次将辞职信和聘书寄还给中山大学委员会。那日心情颇不错,记录内容颇多,如下:

晴。上午寄台静农信并《朝花夕拾》小引一篇,又饶超华诗一卷。寄中山大学委员会信并还聘书。午得钦文信,四月二十一日杭州发。午后同季市、广平游沙面,在前田洋行买小玩具一组十枚,泉一元。至安乐园食雪糕。晚黎国昌来。黎翼墀来。

夜谢玉生来。

这一天,鲁迅仿佛是下定了决心的,心里的负担又一次放下,然后很轻松地和许寿裳、许广平一起游玩,给童心未泯的许广平买了小玩具,还吃了冰淇淋,可见颇为欢乐。

然而六天后的 5 月 9 日,鲁迅日记中又记:昙。上午绍原(江绍原)寄示矛尘(章川岛)信。晚雨。谢玉生、谷中龙来。沈鹏飞来,不见,置中大委员会函并聘书而去。

这时候已经是第二次挽留了,鲁迅不见中大委员会的沈鹏飞,让许广平去推脱忙碌,可是那沈鹏飞得了中山大学的死命令,早有对策,进入鲁迅客厅后,将聘书扔下就跑了。鲁迅无法,只好于两天后,再一次寄还给中山大学委员会辞职信和聘书。

然后一直到 5 月 24 日的日记中,只有一句:午后晴,谢玉生来。晚接中大委员会信。

鲁迅遂于第二天上午复信。这是最后一次反复,计算一下,前前后后,一共四来四往,终于中山大学于 6 月 6 日写信给鲁迅,允许其辞职。又 6 月 30 日收到中山大学 5 月份工资 500 元,至此,鲁迅与中山大学再无瓜葛了。

1927 年 7 月 17 日给章川岛的信中说:这里的"北新书屋"我拟于八月中关门,因为钟敬文(鼻之傀儡)要来和我合办,我则关门了,不合办。此后来信,如八月十日前发,可寄"广九车站旁,白云楼二十六号二楼,许寓收转",以后寄乔峰(周建人的字)

收转。

鲁迅推测关门后不久即可启程赴沪，所以给章川岛的信中还有意说明让周建人转。但是，因为广州太古公司的船员罢工，船一直停开，再加上还有一些琐碎事，譬如书店的账目还没有理清楚，所以一直停留在广州。

鲁迅在接下来的日记里也有一些关于书店的琐碎，我也一并摘录一下：

1927 年 8 月 12 日载：得上海北新书局总账，一日发。

13 日载：昙，午晴。下午同广平往共和书局商量移交书籍。

14 日载：星期。晴。上午收共和书局信。下午黎仲丹来。陈延进来，托其致立峨信。

15 日载：晴。上午至芳草街北新书屋将书籍点交于共和书局，何春才、陈延进、立峨、广平相助，午讫，同往妙奇香午饭。

这四天的日记写得非常连续，主要就是处理北新书屋的图书的问题，12 日得到北新书局李小峰的总账，13 日就和共和书局商量好了价格，14 日得到了共和书局的答复，14 日下午陈延进来的时候托他捎口信给廖立峨，一起帮助把书运过去。15 日的情景，在上文中何春才用一大段详细解释了。

书店从 1927 年三月底开始业务，至 1927 年 8 月中旬，营业时间为五个半月。书店结束的第三天，即 8 月 17 日，鲁迅给章川岛写一信,开头却说:……这几天我是专办了收束伏翁所办的书店一案,昨天弄完了,除自己出汗生痱子外,还请帮忙人吃了一回饭,计花去小洋六元,别人做生意而我折本,岂不怪哉。

大意是说此书店是伏翁(孙伏园)开的,但据笔者推测不是,因为前面的信里已经说了,关门与否都鲁迅自己说了算的,而根本不需要和孙伏园商议的。再加上店员是许广平的小妹许月平,代售的又都是北新书店和未名社的图书,所以,书店一开始虽然是孙伏园提议的,然而,资金却是鲁迅出的。

是的,这是鲁迅做过的职业中,时间最短的一个:书店老板。

之四十　怀孕时的许广平

许广平的这种快乐和肚子里的孩子有关，更和自己私有了一个男人的全部柔情有关，是啊，在当时的中国，所有人都知道鲁迅是骂人的，是恶毒的，阴暗的，然而，他们都不知道，鲁迅有多么温暖和善良，是啊，鲁迅在许广平的眼里，是一只小白象。

肚子里的孩子,若是晒晒太阳,便不会缺钙,许广平大约是知道这一点的。午饭过后,便送鲁迅出门,鲁迅要去北京看望母亲。许广平已经怀孕五个多月,身体自然不便,鲁迅也怕将她带回家对朱安女士是一个打击,便留她一个人在家里。

鲁迅走了以后,许广平上楼晒太阳,一边翻看一本叫做《小彼得》的书,一边剥瓜子吃。睡了一会儿以后,决定给自己的好友常瑞麟写一封信,说明自己已经怀孕的情况。那封信许广平抄给了鲁迅看,大致是这样的:

说到经济,则不得不将我的生活略为告诉一下,其实老友面前,本无讳言,而所以含糊至今者,一则恐老友不谅,加以痛责;再则为立足社会,为别人打算,不得不暂为忍默,今日剖腹倾告,知我罪我,唯老友自择。老友尚忆在北京当我快毕业前学校之大风潮乎,其时亲戚舍弃,视为匪类,几不齿于人类,其中唯你们善意安慰,门外送饭,思之五中如炙,此属于友之一面,至于师之一面,则周先生(你当想起是谁)激于义愤(的确毫无私心)慷慨挽救……其后各自分手,在粤他来做教师,我桑土之故,义不容辞,于是在其手下做事,互相帮忙,直至到沪以来,他著书,我校对,北新校对,即帮他所作,其实也等于私人助手,以此收入,足够零用,其余生活费,则他在南京有事(不须到)月可三百,每月北新版税,亦有数百(除北京家用)共总入款,出入还有余裕,则稍为存储于银行,日常生活,并不浪费,我穿着如你所见,所不感入不敷出之苦,这是我的生活,亦是我经济状况。周先生对家庭早已十多年徒具形式,而实同离异,为过度时代计,不肯取登广告等等手续,我亦飘零余生,向视生命如草芥,所以对兹事亦要世俗名义,两心相印,两相怜爱,即是薄命之多屡遭挫折之后的私幸生活。今日他到北平省母,约一月始回,以前我本打算同去,再由平往黑看看你们,无奈身孕五月,诚恐路途奔波,不堪其苦,为他再三劝止,于是我们会面最快总须一二年后矣。纸短言长,老友读此当作何感想,我之此事,并未正式宣布,家庭此时亦不知……如有人问及,你们斟酌办理,无论如何,我俱不见怪。现时身体甚好,一切较以前健壮,将来拟入医院,正式完其手续,可勿远念。①

这封给常瑞麟的信是鲁迅和许广平第一次以文字的方式告诉别人,他们有孩子了。

鲁迅到了北京以后,母亲鲁瑞一见面就问他,为什么不把害马也带过来看,鲁迅说,路上波动很大,而许广平已经怀孕了。鲁迅的母亲便很高兴。让鲁迅感到不舒服的是,西三条胡同的住处已经陌生得很,常常有各式各样的客人来住,且一住就是四五个月,让鲁迅极为恼火的是,他的日记本竟然也被动过。

许羡苏仍在西三条居住,鲁迅告诉她许广平怀孕的消息,她

---

① 《鲁迅作品全编·两地书》浙江文艺出版社 2000 年版,609—610 页。

说，这是在意料之中的事。许羡苏是周建人的学生，许钦文的妹妹，常出入鲁府，甚至在私下里鲁迅的母亲也有让她做二房的意愿。自然，这些内容在今天均是揣测。她曾经因为吃许广平的醋愤而离席，还经常给鲁迅织一些衣物。所有这些举动，都有暧昧的情愫在里面，然而，当她听到鲁迅亲口说，许广平怀孕了，自然内心里某一根弦断了。

是一种放下之后的轻松，还是一种突然丢下的失落，很难再去素描一个民国女子的瞬间心绪，唯一可以证明她并没有大动声色的是，许羡苏告诉鲁迅，朱安曾经有一天晚上做了个梦，梦到鲁迅带着一个孩子回家里来了，因此，白天的时候她很气愤。然而，鲁迅的母亲却不以为然，所以，当鲁迅告诉母亲，自己和许广平有了"小白象"的时候，鲁母高兴得很，一直说，早应该有孩子了。

一个人在家里的时候，悠闲得很，上午照例会收到一些信件。郁达夫来送几本杂志，但没有上楼，所以没有谋面。许广平喜欢在楼上坐着，看看窗外的风景，仿佛看到火车上寂寞的鲁迅，又或者听到鲁迅忆念自己的声音，觉得欢喜。晚上睡觉的时候，开始不习惯没有鲁迅在身边的日子了，那种细腻的小女人情怀，在这样一段书信里淋漓尽显："我记得你那句总陪着我的话，我虽一个人也不害怕了，两天天快亮都醒，这是你要睡的时候，我总照常的醒来，宛如你在旁预备着要睡，又明知你是离开了，但古怪的感情，这个味道叫我如何描写？"

不仅如此,许广平所写的信都要亲自到邮局去寄,她不信任街边的那些个绿邮筒,觉得那些个邮筒一定是要慢一些,她希望她的有着体温的甚至有着肚子里的孩子的心跳的字,能够快一些到鲁迅的手里。所以,每一次都要走到邮局里去投寄。她也不喜欢托别人代寄,因为怕自己在信里写的那些个甜言蜜语被人偷窥了去。然而,每一天都要到邮局去寄一封信,又怕那邮局的职工当她是个怪人,便换了一个名字在信封上,写了周树人,而不是鲁迅。

每次去邮局寄信,许广平都会想起鲁迅在厦门大学期间半夜悄悄地往邮局里邮筒里塞信的情形,不由得开心地笑着。

幸福总是这样猝不及防地从往事中蹿出来,袭击着许广平,自然,也袭击着鲁迅。

鲁迅在北京收到许广平寄来的第一封信以后,很是欢喜,包括许广平在信中对常瑞麟说的话,全是甜蜜和赞美。鲁迅觉得很开心,如果一个男人在女人眼里到处都是闪光的部分,那么,一定是被爱迷了心窍。

《两地书》出版时,总是担心自己的幸福被太多的人分享了去,鲁迅大手一挥删去了许多,查阅《两地书》的原信,便可以看到怀孕中的许广平幸福的样子。临行前,鲁迅托付了三弟周建人和三弟妇王蕴如,没事的时候要多陪着许广平说说话,那周建人便像是得了命令一般,天天记下一些时事新闻专门上来讲给许广平听。郁达夫和王映霞彼时也正在恋爱,常常会到鲁迅的住处看许广平。在书信里,许广平如孩子一般地轻盈和喜悦,下面这段文字出版时被删去了,我抄一下:"你的乖姑甚乖,这是敢担保的,他的乖处就在听话,小心体谅小白象的心,自己好好保养,也肯花钱买东西吃,也并不整天在外面飞来飞去,也不叫身体过劳,好好地,好好地保养自己,养得壮壮的,等小白象回来高兴,而且更有精神陪他,他一定也要好好保养自己,平心和气,度过预定的时光,切不可越加瘦损,已经来往跋涉,路途辛苦,再劳心苦虑,病起来怎样得了!"①

看到这里,我仿佛穿过时间的烟尘,走在一九二九年五月的上海街头,一个怀孕的女人,手持一封信,穿过十字路口,路过两个吵架的院落,微笑着,如同一个孩子一般,把信投入到邮局的信箱里。回来的路上,顺便买了一只广东的螃蟹,回到家里煮着吃了。

许广平的这种快乐和肚子里的孩子有关,更和自己私有了一个男人的全部柔情有关,是啊,在当时的中国,所有人都知道鲁迅是骂人的,是恶毒的,阴暗的,然而,他们都不知道,鲁迅有多么温暖和善良,是啊,鲁迅在许广平的眼里,是一只小白象。

关于许广平的名分,在许广平致好友常瑞麟的信中已经说得清楚了,鲁迅回到家里,也只是向母亲和许羡苏说了一下,其余的人并不知道。自然,告诉了许羡苏,朱安女士自然也会知道

---

① 《鲁迅作品全编·两地书》浙江文艺出版社 2000 年版,617 页。

的。其实,早在1929年3月22日,鲁迅致韦素园信时,就已经说了许广平和他的事情:"我近来总是忙着看来稿,翻译,校对,见客,一天都被零碎事化去了。经济倒还安定的,自从走出北京以来,没有窘急过。至于'新生活'的事,我自己是川岛到厦门以后,才听见的。他见我一个人住在高楼上,很骇异,听他的口气,似乎是京沪都在传说,说我携了密斯许同住于厦门了。那时我很愤怒。但也随他们去罢。其实呢,异性,我是爱的,但我一向不敢,因为我自己明白各种缺点,深恐辱没了对手。然而一到爱起来,气起来,是什么都不管的。后来到广东,将这些事对密斯许说了,便请她住在一所屋子里——但自然也还有别的人。前年来沪,我也劝她同来了,现就住在上海,帮我做点校对之类的事——你看怎样,先前大放流言的人们,也都在上海,却反而哑口无言了,这班孱头,真是没有骨力。"[①]

上面这个片断是研究鲁迅爱情所不得不抄录的一个书信片断,但即使是在这里,鲁迅也并未说明,许广平已经怀孕了。鲁迅只向自己的母亲汇报了这件隐秘的事情。在信里看到许广平乖乖的样子,鲁迅觉得很暖和,回信说:"小刺猬的生活法,据报告,很使我放心。我也好的,看见的人,都说我样子比出京时稍好,精神则好得多了。"[②]

---

① 《鲁迅书信集·上》,人民文学出版社1976年版,215页。

② 《鲁迅作品全编·两地书》,浙江文艺出版社2000年版,618页。

　　鲁迅的精神好，自然归功于许广平的悉心照料，所以，被别人赞美以后，自然要反馈给许广平的。然而，此时的许广平，大约正在二楼的一张躺椅上晒太阳，瓜子剥好了，吃掉，要给肚子里的孩子补充养分。楼下照旧会有不少客人来访，但一听说鲁迅去了北京，而夫人在楼上休息，便悄悄地回去了。一有时间，她便想吃东西，食量大增，出去寄信的时候看到什么零食也买来吃，香蕉、豆沙烧饼、火腿制品，然而因为身体重了，走路久了便会累。累了，便躺下来看报纸，或者拿起笔来写信，鲁迅到北京的三天，许广平写了六封信，那信里，除了相思的忆念，便是幸福的汇报。

之四十一　李秉中的婚姻

爱与结婚，确亦天下大事，由此而定，但爱与结婚，则又有他种大事，由此开端，此种大事，则为结婚之前，所未尝想到或遇见者，然此亦人生所（倘要结婚），无可如何者也。未婚之前，说亦不解，既解之后——无可如何。

凡是看过鲁迅书信集的人，大都知道，有一个叫李秉中的年轻人，鲁迅对他有特殊的感情。鲁迅借钱给他，帮他推荐书稿给胡适之，参加他的婚礼。虽然在鲁迅书信集只存 22 封书信致李秉中的信，但多数信件都推心置腹，仿佛鲁迅从此人身上看到了年轻的自己，格外的用心。

鲁迅给李秉中的第一封信是在 1924 年 2 月 26 日，大约是李秉中到西三条胡同拜访鲁迅，而没有见面，留了字条，鲁迅的回信也是一张字条，大致告诉李秉中自己什么时间在家里，什么时间在教育部上班，并且特地还注明，在教育部的时候也可以见客。

然而三个月后，还是 26 日，鲁迅接到李秉中一封借钱的信，在信里还求鲁迅给胡适写信，问问他寄给胡适的一本《边雪鸿泥记》能否出版。鲁迅在回信里说："我现在手头所有，可以奉借二十元，余须待端午再看，颇疑其时当有官俸少许可发，则再借三十元，无难，但此等俸钱，照例必于端午前一日之半夜才能决定有无，故此时不能断言。"[①]

李秉中在信里大概说了自己的经济状况，譬如欠了别人一笔债，而那债主则催命一般地追着要。鲁迅对李秉中的真诚在这一句里坦露："但如贵债主能延至阳历六月底，则即令俸泉不发，亦尚有他法可想。前所言之二十元如不甚急，当于星期五持

至北大面交。"①

　　这是两个人第二次通信，究竟是李秉中书信里的哪些气质打动了鲁迅呢。在接下来的书信里可以看出端倪。1924 年 9月 24 日，鲁迅回复李秉中的信："我恐怕是以不好见客出名的。但也不尽然，我所怕见的是谈不来的生客，熟识的不在内，因为我可以不必装出陪客的态度。我这里的客并不多，我喜欢寂寞，又憎恶寂寞，所以有青年肯来访问我，很使我喜欢。但我说一句真话罢，这大约你未曾觉得的，就是这人如果以我为是，我便发生一种悲哀，怕他要陷入我一类的命运；倘若一见之后，觉得我非其族类，不复再来，我便知道他较我更有希望，十分放心了。"②

　　这封信不仅仅流露出鲁迅对李秉中的坦白，也在某个侧面表达了鲁迅在遇到许广平之前的寂寞，那时候，鲁迅的生活处于一种极度寂寞的时期，家庭方面，因为兄弟反目而不得不搬出精心装饰布置的八道湾大宅，而婚姻方面，则因为没有共同语言又不忍心离婚导致朱安女士无家可归，只能苦自己，借郁达夫的话说，处于性压抑时期。

　　而此时的鲁迅致李秉中的信，的确是对自己内心的一种解剖，还是在 1924 年 9 月 24 日晚上的这封信中，鲁迅还写道："我

---

①　《鲁迅书信集·上》，人民文学出版社 1976 年版，58 页。
②　《鲁迅书信集·上》，人民文学出版社 1976 年版，60—61 页。

自己觉得我的灵魂里有毒气和鬼气,我极憎恶他,想除去他,而不能。我虽然竭力遮蔽着,总还恐怕传染给别人,我之所以对于和我往来较多的人有时不免觉到悲哀者以此。然而这些话并非要拒绝你来访问我,不过忽然想到这里,写到这里,随便说说而已。你并不如此,或者虽如此而甘心传染,或不怕传染,或自信不至于被传染,那可以只管来,而且敲门也不必如此小心。"①

鲁迅的这封掏心掏肺的信,果然极有毒性,李秉中看了此信以后,整晚上没有睡着。尽管接下来,仍不免张口向鲁迅借钱,但无疑,鲁迅已经把这个年轻人当作朋友了。然而,李秉中是个热血青年,在 1925 年参加了讨伐陈炯明的东江战役后,又于 1926 年去苏联留学。在苏联留学期间,李秉中有一天晚上做了一个梦,大约梦到鲁迅在一个新房子里过活。鲁迅很是高兴,给他回了信。在信中谈到了自己正在和一群阴险的上等人在吵架。还建议李秉中少喝酒,"'偷着到啤酒店去坐一坐',我以为倒不妨,但多喝酒究竟不好。去年夏间,我因为各处碰钉子,也很大喝了一通酒,结果是生病了,现在已愈,也不再喝酒,这是医生禁止的。他又禁止我吸烟,但这一节我却没有听。"在信的末尾,鲁迅又写道:"你什么时候可以毕业回国?我自憾我没有什么话可以寄赠你,但以为使精神堕落下去,是不好的,因为这能使自己受苦。第一着须大吃牛肉,将自己养胖,这才能做一切

---

① 《鲁迅书信集·上》,人民文学出版社 1976 年版,61 页。

事。我近来的思想，倒比先前乐观此，并不怎样颓唐。"①

这一封信之后，李秉中又从苏联辗转至日本求学，1928 年 4 月 8 日，鲁迅收到李秉中从日本来的信件及杂志，信里，李秉中有些关于要不要结婚的疑惑，向鲁迅请教，鲁迅回复时写道："记得别后不久，曾得来信，未曾奉复。其原因盖在以'结婚然否问题'见询，难以下笔，迁延又迁延，终至不写也。此一问题，盖讨论至少已有二三千年，而至今未得解答，故若讨论，仍如不言。但据我个人意见，则以为禁欲，是不行的，中世纪之修道士，即是前车。但染病，是万不可的。十九世纪末之文艺家，虽赞颂毒酒之醉，病毒之死，但赞颂固不妨，身历却是大苦。于是归根结底，只好结婚。结婚之后，也有大苦，有大累，怨天尤人，往往不免。但两害相权，我以为结婚较小。否则易于得病，一得病，终身相随矣。"得病，像这样的话题，一定是召妓相关。大约是李秉中不大乐意结婚，而宁愿一辈子召妓，所以鲁迅才劝他的。然而，这封信之后，又是一年多无有音信。直到一年后，鲁迅回北京探母亲，才遇到李秉中，这一次，竟然遇到李秉中结婚。

《两地书·一一八》中，两次提到李秉中，1929 年 5 月 19 日写给许广平的信中这样介绍李秉中："前天幼渔来看我，要我往北大教书，当即婉谢。同日又看见秉中，他万不料我也在京，非常高兴。他们明天在来今轩结婚，想于上午去一趟，已托羡苏买

了绸子衣料一件，作为贺礼带去。新人是女子大学学生，音乐系。"

第二天，鲁迅便带了许羡苏代为购置的礼物去祝贺，看到那个女大学生，相貌端庄，和李秉中很是般配。在给许广平的描述中，鲁迅的笔墨非常趣味，我录入一下："昨天往中央公园贺李秉中，新人一到，我就走了。她比秉中短一点，相貌适中。"

然而，即使是结婚以后，李秉中还是有许多疑惑，在后来的信中，多次向鲁迅问到。1930 年 5 月 3 日，鲁迅就关于婚姻的问题，又一次回复李秉中："爱与结婚，确亦天下大事，由此而定，但爱与结婚，则又有他种大事，由此开端，此种大事，则为结婚之前，所未尝想到或遇见者，然此亦人生所（倘要结婚），无可如何者也。未婚之前，说亦不解，既解之后——无可如何。"[①]

然后，李秉中便在回信中列举了一大堆结婚以后失意的问题，鲁迅当时已经在和许广平幸福的婚姻里沉没了，不觉得婚姻有多痛苦，相反，婚姻给了他安定和希望。所以在 1930 年 9 月 3 日致李秉中的信中说："结婚之后，有所述的现象，是必然的。理想与现实，一定要冲突。"

1931 年初，一个上海的小报记者撰写假新闻，谣传鲁迅被捕。于是北京各大报纸纷纷转载，鲁迅第一时间通知北京的母亲，然而，远在日本的李秉中也看到了消息，写信给鲁迅，探听虚

① 《鲁迅书信集·上》，人民文学出版社 1976 年版，254—255 页。

实,鲁迅收到信以后回复。后来,来信问及鲁迅现在的生活,鲁迅便将许广平生子的内容透露于他:"五年前有人将我名献段公,煽其捕治时,遂子身出走,流寓厦门。复往广州,次至上海,是时与我偕行者,本一旧日学生,曾共患难,相助既久,恝置遂难。兄由朔方归国,来景云里寓时,曾一相见,然初所非所料,固当未尝留意也。孩子生于前年九月间,今已一岁半,男也,以其为生于上海之婴孩,故名之曰海婴。"①

而一个月后,李秉中从日本东京寄来一身小孩子的衣服,也表达了他们的感情亲密。

1932 年 1 月,李秉中的一个孩子早夭。鲁迅转折接到李秉中的信以后,立即回复,表达感伤。而此时的鲁迅正躲在内山完造的书店里避难,上海商务印书馆全部被烧,鲁迅逃离住所时也是净身出门,所有贵重的书籍和物品均来不及携带。

在同一时间,阅读鲁迅致许寿裳的书信可知,海婴因为在阴暗的房屋居住而生了疹子,没有办法,鲁迅便租住了高档的大江南饭店,房间里暖和了一些,海婴的病情才好。然而正是因为此举,鲁迅的"阔气"在上海出了名。在致母亲鲁瑞的书信中,鲁迅还提到自己离家的这几天里,家里遭了贼,偷去了许广平衣服三件,海婴有裤袜子手套等十件,厨房用具五六件,被一条,被单五六张,合共值大洋七十元。

---

① 《鲁迅书信集·上》,人民文学出版社 1976 年版,272 页。

而对母亲说的这一段话,在同一天晚上,也在致李秉中的信里说到了,大约是李秉中关心一起写作生活的同学许钦文,鲁迅便在信里说了一句:"钦文事我亦不详,似是三角恋爱,二女相妒,以致相杀,但其一角,或云即钦文,或云另一人。"总之,许钦文的情况因为感情的事,而不大妙。

1932年3月28日,李秉中写了一信给鲁迅,因为李秉中不久要回国谋生,所以鲁迅没回复,然后四月间,李秉中便已回国,给鲁迅写信,大约是问寒暖,并希望鲁迅能帮助谋职。鲁迅在5月3日回复时赞赏了李秉中在信里所说的一些针砭时弊的内容,然而鲁迅告诉他说,这样清醒的文字,中国的报纸是不会发表的,他还写道:"危言为人所不乐闻,大抵愿昏昏以死,上海近日新开一跳舞厅,第一日即拥挤至无立足之处,呜呼,尚何言哉。恐人民将受之苦,此时尚不过开场也,但徒忧无益,我意兄不如先访旧友,觅生计耳(作何事均可)。"

当时国内的形式非常不好,上海一二八事变,鲁迅举家搬到内山完造的书店里避难,这种种现实都让鲁迅觉得哀伤。当时他写信给好友许寿裳时说,若是上海的房子被烧成灰烬的话,那么,只好全家到北京。当然,这是最坏的打算。而他的三弟周建人因为商务印书馆被烧失了业,不得不再谋饭碗。

还是在5月3日的信里,鲁迅向李秉中说了自己的打算:"我本拟北归,稍省费用,继思北平亦无啖饭处,而是非口舌之多,亦不亚于上海,昔曾身受,今遂踌躇。欲归省,则三人往返川资，所需亦颇不少，今年遂徘徊而终于不动，未可知也。"①

　　在已经出版的鲁迅书信集里，鲁迅致李秉中的最后一封信是1932年6月4日写的一封短信，告知李秉中他曾经寄了一张海婴的照片给他，但大约不一定会收到，因为北京朱安女士不一定会尽力办好此事，还有就是告知李秉中自己的通信地址为"上海北四川路底施高塔路内山书店转周豫才收"。

　　李秉中在鲁迅交往的青年中可谓是异类，他不是纯粹意义上的文学青年，譬如一直依附于鲁迅的韦素园、章廷谦、萧军萧红等人；也不是前期依附后来背叛的文学青年，譬如高长虹、尚钺、向培良等；更不是为鲁迅购买外国书籍的曹靖华等，或者和鲁迅走得很近的木刻青年们。他的身份一开始是一个并不勤奋的文学青年、借债者，而后来，则又成了武官，成了黄埔军校的学生，鲁迅自从接到他第一封信开始，到最后一封信，一直都充满了热情和希望，除了文字上他对鲁迅的认同和崇拜之外，有很大一部分原因是性格相投。鲁迅觉得这个年轻人的个性和自己很像。所以，才一直关切着他。

　　单纯从鲁迅书信集里看李秉中和鲁迅的关系（因笔者没有读到李秉中致鲁迅先生的信件），鲁迅的热情颇让人疑惑，因为李秉中向鲁迅除了借钱，便是求鲁迅帮着他寻求一本书的出版，再不然就是请鲁迅来参加他的婚礼，然而荒唐的是，就连他给鲁

---

① 《鲁迅书信集·上》，人民文学出版社1976年版，305页。

迅寄来的结婚请柬也是欠费，要求收件人付费的（这一点见《两地书》原信）。他唯一为鲁迅做的事情，是给鲁迅的孩子买过一身衣服。然而，就是这样一个年轻人，却让鲁迅付出了十足的真诚，不但在书信里向他坦露自己的思想，甚至连他同许广平的隐秘的婚姻生活也毫不隐瞒。这一切都像是个谜语一样，颇为费解。

然而，正是这个李秉中，后来成为国民党的高级官员，在鲁迅去世前，他曾经替蒋介石作说客，给鲁迅暗写了一信，劝鲁迅能加入国民党阵营里。1936年5月至7月，已当了南京中央军校政训处高级军官（相当于将军）的李秉中，这回不再以友人的身份而是代表官方接连写了三封信劝告鲁迅放下手中的投枪。其中有一封是用"国民政府军事委员会"信笺，长达3页。作为文献发表的次数较少，本人也属于无意中看到，摘录一段如下：

鲁迅吾师函丈：

前呈一缄，谅陈道席。比来清恙如何？日夕为念。迩天气较凉，想当佳也。禀者，关于吾师之自由一事，中（李自称）惟之数年矣！惟恐或有玷吾师尊严之清操，是以不敢妄启齿。近惟吾师齿德日增，衰病荐至，太师母远在北平，互惟思慕，长此形同禁锢，自多不便。若吾师同意解除通缉，一切手续，中当任之，绝不至有损吾师毫末之尊严。成效如何，虽未敢预必，想不致无结果，不识师意若何？伏乞训示。东行已有期否？吾师病中，本不敢屡渎；窃望师母代作复示，蜀胜伫盼！专此，敬祝痊福??

　　师母大人、海婴弟无恙。

　　　　　　　　　　　学生李秉中七月十三日

　　鲁迅日记中恰好有关于此信的记录，1936 年 7 月 16 日，鲁迅日记："得李秉中信，即由广平复"，鲁迅当时正由日本医生须藤治疗，复信不便，故李秉中在信里特地写明："窃望师母代作复示"，也可谓用心良苦。在信里，李秉中自告奋勇为鲁迅解除通缉令，再加上用的纸张是公文纸，所以，这封信便有些婉约的意思隐藏在内里。尤其是那句打保票的话"一切手续，中（李秉中的自称）当任之"，说明了李秉中奉行的是"国民政府军事委员会"的命令，并从关心鲁迅之"衰病"和用母子"互惟思慕"的骨肉之情去打动对方。

　　这是李秉中和鲁迅最后的交往，之后不久，鲁迅逝世于上海，再以后，未见李秉中有大量的回忆文字发表。

《两地书》原信在出版时被鲁迅删去了许多有趣的词句，这实在是迫于书信的主人不愿意让自己隐秘的快乐让外人知道。比如鲁迅称许广平为小刺猬，而许广平称鲁迅为小白象、小莲蓬。到北京以后，鲁迅给许广平的第一封信的末尾，画了一个鼻子高高的小象，许广平看了以后，大约想调鲁迅一皮，便在回信的时候，将鲁迅的那只象的鼻子拉了下来，还注了话语说：「小白象：你的鼻子并未如你所绘的仰起，还是垂下罢。」

　　许广平怀孕以后，自己的家里人并不知道具体的情况，在
《两地书》的原信中许广平曾写到这些，1929 年 5 月 21 日下午，
许广平致信鲁迅，汇报自己一天的活动。她的叔叔的儿子要举
行婚礼，邀请她参加。还有，她的大妹来信说，她的姑姑要回上
海，到时候，恐怕要向她说了，许广平的信里的一句比较有趣：
"不说也看见的。"是啊，大着肚子见姑姑，已经是一个最好的说
明书了。

　　许广平写这封信的时候，鲁迅正在燕大演讲，照例还是骂成
仿吾陈西滢徐志摩等人。鲁迅的激昂自然惹得听讲的学生们感
觉大快，一部分学生起哄着不愿意离场，七嘴八舌地插话，要求
鲁迅能来北京大学教课，然而鲁迅这样答他们的："我奔波多年，
现已心粗气浮，不能教书了。"

　　1929 年的 5 月 23 日深夜，已经连续两天给许广平寄信的
鲁迅本来已经很累了，但客人走了，他还是坚持给许广平写信：
"今天上午，来了六个北大国文系的代表，要我去教书，我即谢绝
了。后来他们承认我回上海，只要预定下几门功课，何时来京，
便何时开始，我也没有答应他们。我总结的话，是今之 L，已非
三年前之 L，我有缘故，但此刻不说，将来或许会知道，总之是不
想做教授了云云。他们只得回去，而希望我有一回讲演，我已约
于下星期三去讲。"[1]

---

　　① 《两地书·一二二》，人民文学出版社 1973 年版，275 页。

　　这一段文字非常有趣，"我有缘故，但此刻不说，将来或许会知道"，其实，鲁迅所说之缘故，便是许广平的怀孕，是啊，许广平正大着肚子，天天念叨着鲁迅何时回来啊，他怎么可能在此时离开她，前来北京教书啊。

　　《两地书》原信在出版时被鲁迅删去了许多有趣的词句，这实在是迫于书信的主人不愿意让自己隐秘的快乐让外人知道。比如鲁迅称许广平为小刺猬，而许广平称鲁迅为小白象、小莲蓬。到北京以后，鲁迅给许广平的第一封信的末尾，画了一个鼻子高高的小象，许广平看了以后，大约想调鲁迅一皮，便在回信的时候，将鲁迅的那只象的鼻子拉了下来，还注了话语说："小白象：你的鼻子并未如你所绘的仰起，还是垂下罢。"①

　　如此顽皮的图片，自然带领着鲁迅回到顽劣的恋爱年代，在回信的时候，鲁迅说："看来信，小刺猬是很乖的，鼻子不再冻冷，也令我放心。不过勒令我的鼻子垂下，却未免专制。我的鼻子，虽然有时不免为刺猬所拉下，但不至于常如橡皮象那样也。"说完，在这封信的后面，照旧还画了一个鼻子高昂的小白象，真是孩子气。这是 1932 年上午十点的事情，中午的时候，鲁迅出门将信寄了出去，然后去和北大的马幼渔接洽，这次是为了一个叫做韩侍桁的年轻人寻工作。正是在这一次去孔德学校，见了钱玄同，钱玄同半开玩笑地问他："你现在还是用两个字的名字

---

　　① 《鲁迅作品全编·两地书》，浙江文艺出版社 2000 年版，616 页。

吗?"

鲁迅便很反感他,讽刺地回答:"我从来不用四个字的名字。"

钱玄同喜欢用一个"疑古玄同"的四字笔名发表文章,所以,鲁迅的话,让钱玄同一下愣住了。钱玄同随后便退了出来,他知道,自己一定是什么地方得罪这位老友了。

鲁迅的脾气就是如此,鲁迅喜欢帮助年轻人,而钱玄同经常教训年轻人,因此,鲁迅便有些厌恶他。鲁迅不会像其他人一样,在内心里厌恶,而在表面上还你好我好的,他不会。

正在这个时间,顾颉刚听说鲁迅在孔德学校的办公室里,大约是想一释前嫌,又或者是想简单沟通一下,但是,等他敲开了门,看了看鲁迅,看到鲁迅气呼呼的表情,便自觉不适,况且顾颉刚又是口吃,往往在紧急的时候说不出话来,于是,他一句话也没有说,便带上门,去了。

鲁迅在信里这样描述顾颉刚:"途次往孔德学校,去看旧书,遇钱玄同,恶其罗嗦,给碰了一个钉子,遂逡巡避去;少顷,则顾颉刚叩门而入,见我即踌躇不前,目光如鼠,终即退出,状极可笑也。他此来是为觅饭碗而来的,志在燕大,但未必请他,因燕大颇想请我;闻又在钻营清华,倘罗家伦不走,或有希望也。"①

晚饭后,鲁迅去未名社聊天,韦丛芜又跑来劝说鲁迅,说是

---

① 《鲁迅作品全编·两地书》,浙江文艺出版社 2000 年版,626 页。

他们的系主任,马幼渔的弟弟让他来做说客的,让鲁迅到燕大来教书。韦丛芜年纪小,虽然知道哥哥韦素园和鲁迅关系亲密得很,但一见到鲁迅仍然有些紧张,一个小孩子,一紧张,话自然便说不紧凑。他听到鲁迅一口拒绝了他的劝说,便吞吞吐吐地说:"我们的系主任早就疑你未必肯来教书,我们的系主任说了,你在南边有一个唔唔唔……"鲁迅一听便笑了,答说:"原因并不是因为在南边有一个唔唔唔,再说,这个唔唔唔也可以和我一起到北方来的,我之所以拒绝,是因为,我现在不想再做教授了。"①

韦丛芜果真是个孩子,在和鲁迅聊天的时候,一会儿拿出一本叫做《冰块》的书,指着封面上的图画对鲁迅说:"这是我的朋友画的,燕大的女生,我们两个很要好……"鲁迅的书总是销得好,韦丛芜大约也想替这个恋人讨一份出名的活计干。为了讨好鲁迅,专门挑选鲁迅喜欢听的事情讲,譬如高长虹的丑陋事,他告诉鲁迅,高长虹给冰心写信已经有三年的时间了,说着,还站起身来,用两只手比划着,说,有这么大一捆呢。可是,冰心根本不理会他。冰心和一个叫做吴文藻的同学结婚了,婚后,还将高长虹写给她的情书全交给了吴文藻。好笑的是,吴文藻带着高长虹写给冰心的情书去旅行,一边看一边往大海里扔,旅行不到一半,信便扔完了。

这实在是个让鲁迅快意的事情,鲁迅在信里完整地讲给许

---

① 《鲁迅作品全编·两地书》,浙江文艺出版社 2000 年版,626 页。

广平听,以逗怀孕的许广平快乐。自然,这一段笑话,在两地书出版的时候,被删节了。

此时的许广平正在为了如何向姑姑解释而发愁,鲁迅收到许广平的信件以后,急忙捉笔回信,首先是让许广平用新到的一笔稿酬给她的大妹买补品,其次是让许广平坦白他们两个人的已婚的事实,信的原话是这样的:"姑母来沪,即不表亦将发现,自以为发表为宜,结果如何,可以不必顾虑。我对于一切外间传言,即最消极也不过不辩,而在抵以是认之时为多,是是非非,都由他们去,总之我们是有小白象了。"写信之前,鲁迅刚刚赴宴席归来,是徐旭生张凤举等一帮旧友一起宴请鲁迅,这些人在各种的传说版本中终于得到了真正的版本,他们似诈非诈地让鲁迅说出了他和许广平同居的事实,但已经怀孕的事情,并未公布。鲁迅在信里说:"同席约有十人,他们已都知道我因'唔唔唔'而不肯留北。"

唔唔唔,这大约是许广平的一个最有趣味的代称了,不是害马,不是小刺猬,也不是许广平兄了,而是三声叹息。

5月30日,去西山看韦素园的时候,韦丛芜则说,唔唔唔的事情他是听燕大国文系主任马季铭说的,而马季铭又是听周作人说的。鲁迅在信里讽刺了周作人的小气,这也是鲁迅为数不多的几次正面批评周作人,原信是这样的:"其实不过是怕我去抢饭碗,即我们不住一处,他们也当另觅排斥的理由。然而我流宕三年了,何至于忽而去抢饭碗呢,这些地方,我觉得他们实在

比我小气。"写完信后,下午便寄出了,然而,晚上睡不着觉,鲁迅
又写了一封信,说说晚上的情形,董秋芳前来赔罪,台静农和魏
建功来找他畅谈。因为内心里一直念着许广平和她肚子里的小
白象,所以,对很多事情都不在意起来。"我自从到北平后,觉得
非常自在,于他们一切言动,甚为漠然;即下午之面斥董公(即董
秋芳),事后也毫不气愤,因叹在寂寞之世界里,虽欲得一可以对
垒之敌人,亦不易也。"只有读《两地书》的原信,才能读到鲁迅的
这种情怀,其实,在鲁迅一生大量的著述中,到处都有这样宽阔
而又随意的文字,只是,诸多皮毛阅读爱好者,只记得了鲁迅先
生的那句"一个也不饶恕",于是乎,像是掌握了一个巨人的秘密
一样,到处炫耀。其实不尽然。

许广平在家里闲不住,要买一些布料,给肚子里的孩子做衣
服,鲁迅实在心疼,在 5 月 30 日晚上的信的末尾写道:"这两个
星期以来,我一点也不颓唐,但此刻遥想小刺猬之采办布帛之
类,预为小小白象经营,实在乖得可怜,这种性质,真是怎么好
呢。我应该快点上海,去管住她。"

两天后,鲁迅托宋紫佩买到了火车票,便动身回到了上海,
而两地书,到此,也基本上宣告结束了。

之四十三　《莽原》杂志的编辑部

主任韦素园

异性，我是爱的，但我一向不敢，因为我自己明白各种缺点，深恐辱没了对手。然而一到爱起来，气起来，是什么都不管的。

1929 年 9 月，鲁迅自北京抵厦门大学，这一年，除了给许广平写情意绵绵的信件，鲁迅写信最多的，是韦素园。在这一年里，鲁迅给韦素园写了二十一封信，

到厦门大学后，除了给许广平和许寿裳两个人报平安外，第三封便是写给韦素园的。自然是要他寄书，顺便告知自己的情形，有一场大风，将林语堂的门和屋顶都吹破了，而他自己的房子还好。大约韦素园之前曾经让鲁迅向林语堂组稿子，可是，鲁迅到厦门大学以后，发现林语堂天天开会，还要负责安排老师的房子，还要忙着安排自己兄弟哥哥们的工作，根本无时间写文章，便也在信里说明了。

一个月的时间，鲁迅给韦素园了写了六封信，并撰写了三篇稿子。在厦门大学期间，鲁迅总觉得生活没有什么刺激，写不出什么文字来，但为了《莽原》杂志的销路，稿子还是必须要写的。鲁迅写稿子有时候是一口气写完，并不留稿底的，因此，偶尔会出现，在邮路上丢失稿子的情形，哪怕是寄了挂号，也不能保证。

1926 年 10 月 19 日，他写信给韦素园：“我于本月八日寄出稿子一篇，十六日又寄两篇（皆挂号），而皆系寄新开路，未知可不至于失落否？甚念，如收到，望即示知。否则即很为难，因我无草稿也。”[1]

和韦素园的通信，多是工作上的，譬如封面的画不合适，某

---

① 《鲁迅书信集·上》，人民文学出版社 1976 年版，97 页。

某君的文章有些罗嗦,但还是勉强刊登吧。这些内容基本上是一个杂志的主编对一个编辑部主任说的话。1926 年 11 月 7 日的信里便谈到了《莽原》杂志的管理问题,鲁迅写道:"丛书及《莽原》事,最好是在京的几位全权办理。书籍销售似不坏,当然无须悲观。但大小事务,似不必等我决定,因为我太远。"①

这封信之后,大概因为杂文集《坟》的出版,以及《莽原》的事务,接下来的几天鲁迅几乎每两天便写信一封致韦素园。而当时,高长虹在上海创办了《狂飙》周刊,正在一边利用鲁迅挣钱,又一边骂鲁迅。

说到高长虹,鲁迅便开始在信里批评韦素园:"我以为长虹是泼辣有余,可惜空虚。他除掉我译的《绥惠略夫》和郭译的尼采小半部而外,一无所有。所以偶然作一点格言式的小文,似乎还可观,一到长篇,便不行了,如那一篇《论杂交》,真是笑话……在未名社的你们几位,是小心有余,泼辣不足。所以作文、办事,都太小心,遇见一点事,精神即很受影响,其实是小小是非,成什么问题,不足介意的。"②

这是 1926 年 12 月 5 日的信,在这封信里,鲁迅还不知道高长虹攻击是"为了一个女性"。韦素园看了鲁迅的回信后,将在京城流传了很久的月亮诗的故事告诉了鲁迅,鲁迅看到信件,恍

---

① 《鲁迅书信集·上》,人民文学出版社 1976 年版,103 页。
② 《鲁迅书信集·上》,人民文学出版社 1976 年版,116 页。

恍然，甚至有些将信将疑，立即复信韦素园："至于关于《给——》的传说，我先前倒没有料想到。《狂飙》也没有细看，今天才将那诗看了一回。我想原因不外三种：一，是别人神经过敏的推测，因为长虹的痛哭流涕的做《给——》的诗，似乎已经很久了；二，是《狂飙》社中人故意附会宣传，作为攻击我的一别一法；三，是他真疑心我破坏了他的梦，——其实我并没有注意到他做什么梦，何况破坏——因为景宋在京时，确是常来我寓，并替我校对，抄写过不少稿子（《坟》的一部分，即她抄的），这回又同车离京，到沪后她回故乡，我到厦门，而长虹遂以为我带她到了厦门了。倘这推测是真的，则长虹大约在京时，对她有过各种计划，而不成，因疑我从中作梗。其实，我虽然也许是黑夜，但没有吞没这月儿。"①

这是鲁迅第一次在和韦素园的书信里提到许广平，而且说得很坦诚，彼时，鲁迅和许广平虽然处于热恋之中，但当时两地分居，是真的还没有吞没这月儿呢。

1927 年韦素园肺病加重，咳了血，鲁迅非常关心，刚到中山大学便写信一封劝慰："兄咯血，应速治，除服药打针之外，最好是吃鱼肝油。"

因为韦素园的疾病，关于《莽原》杂志的编辑，接下来一直是由李霁野负责，后来台静农加入进来，鲁迅和韦素园的通信停

---

① 《鲁迅书信集·上》，人民文学出版社 1976 年版，120—121 页。

止,而和李霁野通信较多。

大约中断了一年的时间,然而,在这一年间,因为韦素园修病假,主要事务由李霁野及韦丛芜负责,然而,李霁野和韦丛芜却有了矛盾。自然,这期间的细节,鲁迅并不知晓,但因为鲁迅在上海因为编辑奔流,韦丛芜便发牢骚说鲁迅忘记未名社了。后来,韦丛芜干脆编辑了一册《独立周刊》,结果,后来也没有印成。

和韦素园的通信,是 1929 年 3 月间续上的。韦素园在信里问起鲁迅的"新生活",所谓新生活,其实就是鲁迅摆脱了北京的夫人朱安,而携着自己的年轻女学生许广平双宿双飞,去了厦门大学。自然,这些传说在北京起步,到了上海,鲁迅和许广平一起在某旅馆又被高长虹或者其他一些文学青年看到,这传言便更加茂盛了。

鲁迅在这封回信里的一段话,是他第一次口述他和许广平感情的变化:"至于'新生活'的事,我自己是川岛(章廷谦)到厦门以后,才听见的。他见我一个人住在高楼上,很骇异,听他的口气,似乎是京沪都在传说,说我携了密斯许同住于厦门了。那时我很愤怒。但也随他们去罢。其实呢,异性,我是爱的,但我一向不敢,因为我自己明白各种缺点,深恐辱没了对手。然而一到爱起来,气起来,是什么都不管的。后来到广东,将这些事对密斯许说了,便请她住在一所屋子里——但自然也还有别的人。前年来沪,我也劝她同来了,现就住在上海,帮我做点校对之类的事——你看怎样,先前大放流言的人,也都在上海,却反而哑口无言了,这班孱头,真是没有骨力。"①

鲁迅的新生活,因为上海高长虹的骂以及各式各样的流言,所以在社会上引起了很大的的风波。1928 年,一位署名周伯超的人,给鲁迅写了这样一封信:

鲁迅先生:

昨与×××、×××诸人同席,二人宣传先生讨姨太太,弃北京之正妻而与女学生发生关系,实为思想落伍者,后学闻之大愤,与之争辩。此事关系先生令名及私德,彼二人时以为笑谈资料,于先生大有不利,望先生作函警戒之。后学为崇拜先生之一人,故敢冒昧陈言,非有私怨于××二人,惟先生察之。

　　敬颂

　　　著祉!

　　　　　　　　　后学周伯超上言

除了这些后学的道听途说加以传播之外,反目之后的兄弟周作人对于鲁迅的新生活也是多有讽刺和批判,譬如他在 1930年 4 月 17 日发表于《益世报》上的《中年》一文中就有对鲁迅的新生活的影射:

---

　　① 《鲁迅书信集·上》,人民文学出版社 1976 年版,215 页。

世间称四十左右曰危险时期,对于名利,特别是色,时常露出好些丑态,这是人类的弱点,原也有可以容忍的地方。但是可容忍与可佩服是绝不相同的事情,尤其是无惭愧地、得意似地那样做,还仿佛是我们的模范似地那样做,那么容忍也还是我们从数十年的世故中来最大的应许,若鼓吹护持似乎可以无须了罢。我们少年时浪漫地崇拜好许多英雄,到了中年再一回顾,那些旧日的英雄,无论是道学家或超人志士,此时也都是老年中年了,差不多尽数地不是显出泥脸便即露出羊脚,给我们一个不客气的幻灭。这有什么办法呢?……譬如普通男女私情我们可以不管,但如见一个社会栋梁高谈女权或社会改革,却照例纳妾等等,那有如无产首领浸在高贵的温泉里命令大众冲锋,未免可笑,觉得这动物有点变质了。我想文明社会上道德的管束应该很宽,但应该要求诚实,言行不一致是一种大欺诈,大家应该留心不要上当。我想,我们与其伪善还不如真恶,真恶还是要负责任,冒危险。

这篇文章的矛头直指鲁迅,直到建国后,周作人成了被专政的对象,在致友人的信中,为自己当汉奸辩解时,不止一次地说过:自己的两个兄弟,均抛下前妻不管,他要照料云云,把鲁迅、周建人的再婚看成"弃妻"。

而鲁迅自己的学生讨论爱情的机会并不多,和孙伏园大约是说过不少的，但两个人因为经常在一起，所以只是口头交流，并没有书信及其他文字资料留下来。和李秉中讨论过爱情和婚姻，但也只是泛泛地讨论，并没细告他自己和许广平的种种细节。而和章廷谦讨论过性事中避孕的一些细节。

和韦素园讨论的这封书信，所以显得极其重要和趣味。

这封信之后不久，鲁迅回北京探望母亲，并去西山看望了韦素园。时间是1929年5月30日，韦素园听说恩师要来，高兴得开了花，专门打扫出一间小房子，还请厨房的大师傅杀了三只小鸡。鲁迅在两地书写到了这天的经历，心情也特别畅快："今天我是早晨八点钟上山的，用的是摩托车，霁野等四人同去。素园还不准坐起，因日光浴，晒得很黑，也很瘦，但精神却好，他很喜欢，谈了很多闲天。病室壁上挂着一幅陀斯妥也夫斯基的画像，我有时瞥见这用笔墨使读者受精神上的苦刑的名人的苦脸，便仿佛记得有人说过，素园原有一个爱人，因为他没有痊愈的希望，已与别人结婚；接着又感到他将终于死去，——这是中国的一个损失——便觉得心脏一缩，暂时说不出话，然而也只得立刻装出欢笑，除了这几刹那之外，们这回的聚谈是很愉快的。"①

当时的鲁迅正每天一封信的速度和怀孕中的许广平通信，然而这一次，鲁迅却并未告诉韦素园许广平已经怀孕的消息，直到两年后，鲁迅在上海被谣传被捕入狱，韦素园很担心，转折写

---

① 《两地书·一三二》，人民文学出版社1973年版，289—290页。

信问候。鲁迅及时回复韦素园，并告诉他，他和许广平已经有了一个男孩，已经一岁零四个月。

然而，一年后，韦素园便不治而亡。鲁迅给韦素园写了墓志铭。

之四十四　小狗屁

小狗屁自然是吵闹的，平时喜欢在鲁迅的书房里翻东西，鲁迅去世后，郁达夫写回忆录，大概记述了海婴在鲁迅书房里乱翻的经历，鲁迅从书房里出来，对郁达夫说：「海婴竟然问我什么时候死掉，仿佛我死了，那间房子就是他的了。」说完鲁迅哈哈大笑，笑得无比的开心。

1932 年 1 月 28 日，上海爆发一·二八事变，鲁迅的住处被炮弹击中，慌乱中，鲁迅携妇挈子离家，经内山完造的帮助，避入了英租界。

战争爆发以后，许寿裳派人打听，才知道鲁迅所居住的地方遭遇了轰炸，万般着急的情况下，许寿裳让自己的儿子许子英登报寻找鲁迅的下落。

过了两个月，事情稳定，鲁迅写给北京的母亲："母亲大人膝下，敬禀者，十七日寄奉一函，想已到。现男等已于十九日回寓，见寓中窗户，亦被炸弹碎片穿破四处，震碎之玻璃，有十一块之多。当时虽有友人代为照管，但究不能日夜驻守，故衣服什物，已有被窃去者，计害马衣服三件，海婴衣裤袜子手套等十件，皆系害马用毛线自编，厨房用具五六件，被一条，被单五六件，合共值洋七十元，损失尚算不多。两个佣人，亦被窃去值洋二三十元之物件。唯男除不见了一柄洋伞之外，其余一无所失，可见书籍及破衣服，偷儿皆看不入眼。"

在这封信里，鲁迅还用大段的文字介绍海婴的情况，胃口很好，因为所雇佣的保姆为绍兴人，所以，海婴也学了一口绍兴话。

大概是六月份，鲁迅的母亲写了一封信给鲁迅，大概是想念孙子了，关心海婴的情况。于是，鲁迅便带着许广平拍了一张照片，寄给母亲。

这一年 11 月 11 日，因为接到母亲病重的消息，鲁迅急坐火车赶回北京。当天晚上，许广平便给鲁迅写信，自然，《两地书》

并未收入这一批信件。在信中许广平说到海婴时，亲昵地称他小狗屁："哥，此刻夜九时了，你已经离开浦口向山东去了，但这是我执笔时你的情形，待收信时，你又到平多天了。今午寄出当天的报，狗屁昨日一针，大有效果，除你知的，昨十日上午三次便，下午针后一次便（但此不能即见效时间太暂也），夜间平安，你去的今早上亦未大便，直至午后便一次，甚厚，似浆糊状，此后直至寝时未再便……"①

这一段中的狗屁即是指海婴，据说鲁母看到此信还表示过抗议，自己的孙子被称为狗屁，以她从清末修炼来的世俗礼节，断然不能接受的。

第二天，许广平抄《两地书》（彼时尚未出版）的校稿累了，便又给鲁迅写信。

在信里汇报海婴的情况情状，依旧用狗屁代称："狗屁甚乖，不似昨天吵讨爸爸的多了。"

在这封信里，许广平还交待鲁迅在北平买一种玻璃盒子包装的雪景山水树木人物的礼物盒，大约比较便宜，带回来可以送给内山完造或者周建人的小女儿阿菖。

写完这些又怕鲁迅不方便，便又补充说："以其轻而易取，另外旁的北京玩意也好，但非必需，路上不方便就不必带来了。我是因为这张纸有空随便谈谈的，这一两天怕你记挂狗屁毛病，所

---

① 《鲁迅作品全编·两地书》，浙江文艺出版社 2000 年版，635 页。

以不依约的写信,寄出以后或疏懒些,不至于打手心吧!"①

打手心,这一句一下又将两个拉回到鲁迅在厦门大学期间,两人早已结婚生子了,却依旧保持如此亲密的心态。

所以,看《两地书》,可知,许广平是上世纪三十年代最幸福的女人之一。

在北京的鲁迅颇为孝顺,因为鲁老太太心情不好,对着鲁迅发脾气说:"医不好,则立刻死掉,医得好,则立刻好起。"鲁迅一看,连忙找了同仁医院过去的旧相识盐泽博士来给母亲诊察,医生诊疗过后,安慰老太太说,不是什么大病,只不过是因为食用了不易消化的食物,而导致胃疼,没有什么大碍,打几针便好了。

为了让老太太的胃消化,医生给老太太吃了腹泻的药物,这样晚上的时候,老太太便要起来大便。自然,需要人搀扶,鲁迅自告奋勇,一直看着母亲睡觉,自己不敢躺下,怕睡着了,母亲唤不醒,一直到凌晨两点,困了,也不敢睡,便给许广平写信,问,小狗屁如何了。

小狗屁正在做什么呢,许广平在信里写得很仔细,小狗屁在吃鸡粥,还学着鲁迅的口气说"可怜可怜",许广平很疑惑,问她什么可怜,他说,爸爸说的,可怜可怜。许广平又问,爸爸说什么可怜可怜了。海婴答,糖糖弄到手里,爸爸说可怜可怜。

小狗屁大约是鲁迅和许广平私密的称呼,也仅在 1932 年最

① 《鲁迅作品全编·两地书》,浙江文艺出版社 2000 年版,636 页。

初的几封信里使用过。后来便改正为海婴,包括许广平致鲁迅的信里,也纠正为海婴。这缘自于鲁母的抗议。

小狗屁自然是吵闹的,平时喜欢在鲁迅的书房里翻东西,鲁迅去世后,郁达夫写回忆录,大概记述了海婴在鲁迅书房里乱翻的经历,鲁迅从书房里出来,对郁达夫说:"海婴竟然问我什么时候死掉,仿佛我死了,那间房子就是他的了。"说完鲁迅哈哈大笑,笑得无比的开心。

许广平在1932年11月18日的信里也写到海婴的吵闹对鲁迅创作的影响:"人给你的信,我都拆开擅自做去,太不守道德了,可能原谅吗?你十三四的信同时到的,大约同一车子来,你眠食好,甚慰。你在'靠壁桌前坐,止一人,于百静中'想写东西吗?你要写的小说,需材料吗,如不需材料,可以写,何妨乘此机会写好再回来,也是方便,省得此地整天闹哄哄,写不好。如果你愿意写,我们这里可以等的,横竖你要等太师母好些才能来,如此似乎比闲坐无聊得以消遣,但注意勿太吃力,这是第一要关心的。倘若小说长,非一时可写完,或愿意玩玩,那么还是不写也好吧! 一切请自己斟酌罢!"[1]

在这一段寒暖皆担忧的关心里,除去看到两个人婚后依然在恋爱的状态,还能看出海婴出生后的鲁迅的写作环境。鲁迅在上海住了十年,为何没有写出一部长篇小说呢,只从这一段话

---

① 《鲁迅作品全编·两地书》,浙江文艺出版社2000年版,641页。

便可以看出来。

自然，小狗屁也给鲁迅带来了另外的人生体验，那种作父亲的喜悦始终贯穿鲁迅在上海的作品里。譬如责任感，譬如偶尔的孩子气。

小狗屁这个称呼，本身也是鲁迅对于孩子的昵称。许广平怀孕时曾经买了一本关于育儿的书，天天在捧在手里看，鲁迅并未在意，然而1929年9月26日，许广平临产，住进了医院。整整一天一夜，鲁迅几乎寸步不离地守在她身旁……当许广平出院回家，发现家里也有一盆精致的松树盆景，更让她惊奇的是，鲁迅按照那册育婴书的要求，将家具全都重新布置过了，处处安排得清洁齐整。平常，这类琐事鲁迅是从不留意的。

孩子出生后，鲁迅和许广平都没有育儿的经验，但鲁迅并不听医生的安排，没有请保姆，生怕自己刚生产的宝贝受了委屈。没有经验，只得完全按照那些育儿书上的内容操作，结果，两个均没有经验的人狼狈不堪，生硬而荒唐，弄得小狗屁饥一通撑一通。万般无奈，只得回到医院里请教医生，并听医生的劝告专门雇了一个看护为孩子洗浴。

当鲁迅看着那个熟练的看护人员三下五除二便给小狗屁洗好了澡，还逗得小狗屁格格地笑时，顿时感觉有些气馁，他把许广平拉到客厅里，悄声说："还是让她洗罢，我们洗病了不是还要花更多的钱吗？我多写两篇文章就好了。"

有了儿子，鲁迅把自己独占的二楼的书房腾了出来，搬到楼下的会客厅工作了,因为,他没有办法戒烟,而孩子自然是怕香烟的熏烤的。不论是朋友来了,还是一起出去吃饭,鲁迅都要带上海婴,仿佛有了宝贝一定与人分享一般的心情。

后来,给海婴看病的日本医生坪井曾经在饭桌上和鲁迅开玩笑说,你太过于宠爱孩子了。鲁迅很不同意这位朋友的看法,还专门写了一首诗来答复他:"无情未必真豪杰,怜子如何不丈夫?知否兴风狂啸者,回眸时看小於菟。"这便是那首著名的《答客诮》。

是啊,对于小狗屁,鲁迅是当作最重要的一部作品来创作的,他丝毫也不强迫着小狗屁的成长,甚至希望这部作品能有他自己的故事空间和高潮。

之四十五　海婴的病与小偷

好在那个小偷只偷了一些零碎钱，若是，他偷走了鲁迅给许广平某一封信，那么，作为后来者，便又错过了一小段爱恋。

想念是有力量的,1932 年 11 月 19 日,许广平带着海婴去医院打针,回来的时候,去信箱里看信,出门的时候已经看过了,没有,但回来的时候仍然不甘心,觉得会有的,因为她很想鲁迅。果然,信来了,是鲁迅 16 日晚上写的,在信的末尾,鲁迅说,周作人的老婆又在向朱安(某太太)造谣说,许广平为什么没有带孩子来呢,是因为,她又怀孕了。

许广平看了以后,一直笑。

然而,正是因为许广平的想念,这天下午的时候,鲁迅踩着一个凳子取书的时候跌落下来,又正好碰到一个木板,挤到了脚趾,十分痛。

鲁迅擦了安氏止痛药,写信时还专门告诉许广平这一件小事。

鲁迅关心海婴的一举一动,许广平都在信里仔细地说,譬如喜欢玩积木,喜欢吃松子糖。还有,海婴竟然还躺在鲁迅的躺椅上扮爸爸,说爸爸回来了。十分好玩。

除了汇报海婴的情况之外,许广平还想让鲁迅在北京方便的时候带一些礼物回来,譬如有一种蜜饯,是章川岛夫妇买的,托李小峰带回上海。许广平便想让鲁迅也带一些回来,给海婴的医生,给内山完造家里,都可以送一些。

许广平的话,鲁迅本不以为意,在回信里,鲁迅说了:"坪井先生甚可感,有否玩具可得,拟至西安市场一看再说,但恐必窳劣,无佳品耳。"

在这里,鲁迅所说的坪井先生即是为海婴治病的医生。海婴因为接受些鲁迅的遗传,肺很不好,常常患气喘病。在 11 月 23 日的信中,许广平写道:"今日看医生,他教我大热水内放些芥辣粉,将毛巾绞干,(老娘姨绞的)捆在身上,每二三小时候换一次,我是每二小时换一次的,下半天已好些了。"[1]

医生的建议是一个方便,但许广平自己也有体会。她认为海婴的体质弱,和他们以前对海婴太小心有关系,总是把孩子关起来,不让他外出玩耍,而导致身体的抵抗力降低。

许广平还回忆了最早带海婴的一个老保姆,总是喜欢外出的时候抱着海婴,有一次外出时海婴伤风感冒了,鲁迅和许广平心疼得不行,从此以后不让海婴再出门了。但是,只在房间里呆着,也不是办法,大人有大人的事情,没有小孩子陪伴着他玩。所以许广平在信里还有一个设想:"我想顶好有一个地方,有人和他玩玩,那就是幼稚园了,横浜桥有一个广东人开的,落电车就是,收费颇大,则学生比较上流,我旧同学之子女四人每天都在此求学,听说还不错,我打算便中取份章程看看。据王(即王蕴如,周建人的夫人)说,幼稚园有医生,时常留心小孩的,我以为试他一试,每天有那么几个钟头唱唱歌玩玩,就是公园,也难免有传染病,学校恶习,幼稚生想不厉害,否则终日关在屋内,大家做人不来,小孩子通常不断生病,也容易危及生命,横竖危险,

---

① 《鲁迅作品全编·两地书》,浙江文艺出版社 2000 年版,646 页。

以前走过的不妥当,我就想送入学校试他一试。"①

　　然而许广平写这封信,鲁迅并未回复,收到信的当天已经上了火车,又或者是根本没有收到这封信。

　　然而,海婴的病总是让鲁迅挂心,想到日本医生对自己的孩子挺好,从人情世故上讲,总是需要回敬一下的。

　　鲁迅虽然在前面的信里拒绝了许广平的建议,但临离开北京时,还是去买东西。自然包括许广平在 11 月 12 日信里写道的礼物:"我想起北平从前市场上有玻璃盒子的雪景山水树木人物装成一盒,小的两角钱一盒,颇好看,如有兴致带几盒来,送送书店老板,及山本少爷和狗屁阿菩之流也好的。"

　　山本少爷即是那日本医生坪井的儿子,狗屁自然是海婴,而阿菩是周建人小女儿。

　　儿子病了,总会对用心诊治儿子的医生有所感激。鲁迅去西单商场买东西,可是转了两圈,只发现两个玩具铺,问了一下,没有许广平信中所说的"雪景"。小孩子的东西也不少,但均是市井恶俗的东西,入不了鲁迅的眼睛,但是,鲁迅的装束也实在是夸张,因为在北京稍冷一些,加上鲁迅出来的次数不多,怕冷。大约也是听从了母亲的劝告,穿了厚衣服不说,还围了厚实的围巾,戴了手套。在北京城的大街上走着,收视率相当高。然而,又因为穿着太厚,所以,当有人从他身边擦肩而过的时候,鲁迅

---

① 《鲁迅作品全编·两地书》,浙江文艺出版社 2000 年版,647 页。

也并不会敏感地感觉到。

直到在商场里转了两圈，出来，才发现，自己外衣兜里的零碎钱被小偷偷走了。

生活总是这样，几只蝴蝶在一个海边扇了几下翅膀，却能引起几千公里之外的一个地方生产出沙尘暴。海婴的病，让鲁迅很感激医生，而在去为医生家的公子买礼物的时候，却又遇到了小偷。

好在那个小偷只偷了一些零碎钱，若是，他偷走了鲁迅给许广平某一封信，那么，作为后来者，便又错过了一小段爱恋。

每个知识分子都应该谈恋爱

——《恋爱中的鲁迅》后记　　　　　　　　　　　　赵　瑜

　　读鲁迅的作品多年,总结一句话,便是:鲁迅在被神话的同时,也被遮蔽。

　　的确,在意识形态较为紧绷的年代里,鲁迅的文字被抽离了原本的意思。尤其是在一九二五年至一九二七年间,恋爱中的鲁迅用蘸着爱情的墨汁写下了不少生活味道十足的文字,但均被后来的人误读。这一点我在本书也有例举。

　　一九二七年十月,鲁迅与许广平一起到了上海,不久,他在《北新》半月刊上发表一篇《唐宋传奇集·序例》,然而这篇文字的结尾处写了一段闲话,引起了郁达夫的注意。有一次郁达夫和鲁迅一起吃饭,便发问:"这文章的末尾,你在后面加上四句,是什么意思?——时大夜弥天,唔……"鲁迅答:"那是我有意刺高长虹的! 高长虹自称是太阳,说景宋是月亮,而我呢,他却谥之为黑暗,是黑夜。他追求景宋,他说太阳在追求月亮,但月亮却投入黑夜的怀抱中,所以他在那里诅咒黑夜。"

　　可是,比较好笑的是,"文革"期间,"石一歌"写作组写出的《鲁迅传》,在叙述鲁迅在广东以及将要离开广东的一段时,有这样的一段记载:"九月十日,是一九二七年的中秋节,明月下的珠江显得特别凄清、冷寂。这天晚上,鲁迅校完了《唐宋传奇集》。

在《序例》后，他豪迈而含蓄地写道：'时大夜弥天，璧月澄照，饕蚊遥叹，余在广州。'短短数语，洋溢着独立于险恶环境中的凛然之气，表达了对凶残的敌人极度的蔑视，形象地概括了'四·一五'以后他在广州的生活背景和战斗风貌。"

一九二五年之前的鲁迅，不论是文字还是内心，都像他在北京女师大所开的一门课程一样：《苦闷的象征》。遵从母命和一个并不欢喜的女人朱安成婚，兄弟之间因为弟媳的挑拨反目。身边的友人多数因为在大学里混而成了知名的学者，有了让他反感的学究气。

当时，因为小说集《呐喊》和《彷徨》，出名是的确了的。从他日记里所记录的向他借钱的学生和朋友的次数便可知。然而，尽管如此，鲁迅却并不开心。他像拉开了弓却又找不到多余太阳的后羿一般，除了苦闷，便是方向感不强烈。而一九二五年以后的鲁迅有了甜美的支撑，文字柔软了不说，就连择词遣句也有了更为从容幽默的态度。

关于知识分子这个词语，因为科举或者其他参照，中国向来是狭隘的。但让我感到意外的是，有一个叫夏志清的美国学者，在接受采访时也说得可笑，说鲁迅学问不够。然而，此人自相矛盾得厉害，因为他无比推崇张爱玲。鲁迅学问再不够，也能翻译日语、英语和俄语作品。夏志清的双重标准，让我感受到鲁迅当年对学院派这一帮旧友的反感。

噢，仿佛，这位夏志清还很推崇沈从文。自然，沈从文是知识分子。虽然他只有小学毕业，但是，只需要看他那一部中国古代服饰研究，便可知知识分子和毕业院校无关，而和个人的修为有关。

不论鲁迅如何坚决地离开大学，又如何地独立于任何体制之外生存，但他仍然是一个少有的有良知的公共知识分子。

知识分子都应该谈恋爱。这一点从鲁迅和沈从文两个人身上反映得较为明显。当然，在现代文学史上：郁达夫、徐志摩、胡适等人，莫不是因为一场轰轰烈烈的恋情而丰富了自己的内心生活。一个人，如果内心生活如一潭死水，那么，他是不可能写出丰富而富有人情味道的文字的。但凡阅读过沈从文散文的人都知道，那一组注定要在中国文学史上大放光芒的《湘行散记》，便是他新婚后不久写的。而阅读《两地书》也可以知晓，鲁迅在生活中是多么的饱满和孩子气。

《两地书》中，一九二六年十一月三日晚，有大风，鲁迅刚给许广平寄过一封信，没有什么事情，在信的开头写道："昨天刚发一信，现在也没有什么话要说，不过有一些小闲事，可以随便谈谈。我又在玩——我这几天不大用功，玩着的时候多——所以就随便写它下来。"

这也是这部书名字叫做《小闲事》的缘由。我阅读了鲁迅的作品多年，我很厌倦看到"国民性"以及其他学术领域里出现过的词语。这部刻摹"恋爱中的鲁迅"的书稿其实没有写什么高深的见解和新奇的史料考证。写的不过是一些卿卿我我的小闲事。

这本书以鲁迅先生和许广平先生的《两地书》为蓝本,打碎了,重新拼贴鲁迅的形象,希望能得到大家的喜欢。或者批评意见。我的邮箱是:taociliao@126.com。

附录 / 之一

我看《小闲事》

虹影

最是那第一眼，男女对上了，就改不了初衷。我看《两地书》时正处于懵懂之年，能找着的书都看，看不懂也看。可是看这两人写信之频繁就感受到他们一定是日日想着对方。年长后重读此书多遍，明白那种情是冤家必遇的情，那种爱是前世今生的爱，心里好生嫉妒，企盼能有如此良缘。

良缘靠上天赐。上天不赐我，我就找个假想的，假也假不得，便会受伤受罪。有了赵瑜的《小闲事》，仿佛内心遗憾减少些许。实话讲，我就没这本事，写出如此长梦一般的姻缘来。

世面上有多少写鲁迅的书？若包括国外汉学界，那就得好好计算一番。那么多书，谁敢说自己能写好鲁迅呢？谁都不敢。写鲁迅难，写鲁迅的情事更难。可赵瑜敢，在他笔下，鲁迅横眉而不冷视，孝子却不贤朋。他变得心思重重，为小事也忧心烦恼，有时可笑滑稽，不管之前无性生活，还是之后有了爱人。他做人格外小心谨慎，犹豫难决，甚至到幼稚程度。不管如何，最终，他像所有恋爱中的男人，义无反顾地爱上一匹害马，并与她生活在一起。

作为一个小说家，赵瑜运用想象力在《两地书》缝隙里中插入一件件世人从未了解的小事，像一部电影，一个场景接一个场景，好比在《两地书》这幅素描上，这儿加点颜色，那儿垫点衬托，那一对前世之冤家，显得更加鲜艳夺目。你可以说那是意淫，也可以说是花边，但那就是爱情。赵瑜写到他们婚后分隔两地，尤其有神来之笔，录下片断：

"我仿佛穿越时间的烟尘，走在 1929 年 5 月的上海街头，一个怀孕的女人，手持一封信，穿过十字路口，路过两个吵架的院落，微笑着，如同一个孩子一般，把信投入到邮局的信箱里。回来的路上，顺便买了一只广东的螃蟹，回到家里煮着吃了。"

一个女人如此爱肚子里的孩子，如此爱这孩子的父亲，那么这个父亲绝不会是一个冷漠无情的人，不然他怎么可以用他的胸怀和肩膀给他们抵挡一切？

从前这个父亲被当作一面旗帜神圣地举起来，或被攻击成如何奸恶之人，大半个世纪论争归论争，纷纭归纷纭，可是到了赵瑜笔下，他被拉到一个凡人的位置上，让我们看到他真实的一面。就这点，这本书就成了。

附录 / 之二

B 面鲁迅

阿贝尔

——读赵瑜新著《小闲事》

　　鲁迅是人，自然有一个人体的立面。这个立面也涉及到灵魂。赵瑜新著《小闲事》摊开鲁迅与许广平的通信《两地书》，为我们呈现出鲁迅的 B 面。一个人的 B 面不是他 A 面之外的唯一剩余，也未必是他 A 面的对立面。鲁迅自然还有 C 面甚至 D 面，但那或许不是我们所能探寻的，它们或许已随了他的消亡而消亡，成了一团无法想象的黑暗。我从《小闲事》里读出的，不再是那个挥之不去的木刻版的"横眉冷对"的鲁迅，而是一个真实的食人间烟火的鲁迅。这个真实里包含了常人难免的小气、孩子气、猜疑、随地小便、自以为是等"不良"德行。"被神化的鲁迅其实同时也被遮蔽。"是被神化的鲁迅遮蔽了真实的鲁迅。我们几代人对于鲁迅的印象都仅限于他的那个木版画的形象。这不是时代的偏爱，也不是时代的疯狂，而是时代的愚弄。说是小闲事，也只是相对于"匕首、投枪"一类。恋爱之事一点不小，一点也不闲。何况涉及的人不是闲人，而是被作为"伟大的文学家、思想家、革命家，新文化运动的旗手"的鲁迅。小闲事，可以看成是著者对"伟大"的一个归还，也可以看成是著者赋予烟云人事的一份优雅。《小闲事》是一本读书心得，也是一本性情之作。著者不是像所谓教授、学者那样，拿鲁迅当选题来做的。写这本书，很可能是著者在阅读中的灵感发现，就像在一次旅行中临时决定买下一栋木楼。这是一种理解，一种偏爱，也是一种发现和欣赏。甚至是融入。正如著者在《自序：宴之敖或者许霞》中所说："通常情况下，我们看到的鲁迅，并不是真的鲁迅，不过是别人演绎的鲁迅，或者鲁迅的文学作品。然而，有一个真正的生活的、可爱的，甚至是幽默而幼稚的鲁迅一直躲藏在他的书信集里，他的《两地书》里。"过去看见的不是真的鲁迅，而今在《两地书》里看见了真的鲁迅，难免有些激动，有些跃跃欲试，想大显身手一回。还真是大显身手对了。《小闲事》很成功。至于怎样一个成功，又不能一一道出。一本书就像一个人，有它自己的命运，但前提是这本书必须是一本独立的、健全的书。这个独立、健全不只指书的样式，更是指书的美学和精神趣味。《小闲事》做到了。它还原了鲁迅这个神化人物，这个文学和精神的符号，为读者呈现出了鲁迅本人。鲁迅本人是一个存在，1936年之前是一个存在，今天依旧是一个存在，但过去我们异化了这个存在，背离了这个存在。异化和背离，其实就是让他再死一次。从这个意义上讲，《小闲事》所做的又是复活："住处大风，把玻璃打碎了一块。但不久，又被迫搬到另外一个三楼上，楼上没有厕所，二楼有一个，大约，但被一户人家私有了，也不便去使用。公共厕所在遥远的地方，需要旅游很久，才能抵达。于是，每每在半夜的时候,跑到楼下,找一棵树,草草倾泻,了事。"《小闲事》用1926年秋天鲁迅写给许广平这段"情书"开篇,可以看成是这本书的一个意味的定调。鲁迅就是这样,不只是在深夜写一些为"正人君子"们深恶痛疾的文字。还有更胜一筹的。尿在瓷罐里,白天倒尿盆不方便,"看夜半无人时,即从窗口泼下去。这虽然近于无赖,但学校的设备如此不完全,我也只得如此。"著者还"考证"到,在向窗外倒尿盆之前,鲁迅已经开始在校园的任一处随时小便了。鲁迅从窗户上往下倒尿盆、在厦门大学校园里随地小便,这是事实,也可以看成是象征。它说明了鲁迅是一个人。是一个人(一个健全的人),当然要吃、要喝、要恋爱。要恋爱可以有三个层次的理解:要心理和精神的抚慰,要性生活,要一个家。《小闲事》没有对鲁迅与朱安关系做深层次的探究,他们是否有过性生活我们不得而知。但有一点是清楚的:鲁迅没有像胡适之接受江冬秀一样接受朱安。鲁迅的恋爱自然也不同于徐志摩或沈从文的恋爱,自然打上了鲁迅的烙印。理性,慢热,甚至有几分迂腐。这与当时鲁迅的身份、许广平的身份有关,也与鲁迅的性情有关。但鲁迅的恋爱是一种有根的恋爱,是一种救赎。《小闲事》尽展了这一点。其间的小情趣、小情调也不乏智慧和时代特征。鲁迅称"广平兄"并释之是一例,称"害马(HM)"是一例,许广平叫先生"嫩弟弟"又是一例。很多很多。当然,恋爱的主流还是严肃的真性情,且自始自终关系到"苦闷和绝望",以及在"苦闷和绝望"中"加糖"。《小闲事》里一直有一股暗流,在两个主角之间奔涌;开始是涓涓细流,渐渐汇成了地下河。也是冬天的火苗,既照亮也取暖。这火苗是靠了语言漫延的。油,还是两个人的思想和身体。"先生,可有什么法子在苦药中加点糖分,令人不觉得苦辛?而且有了糖分是否即绝对的不苦?先生,你能否不像章锡琛先生在《妇女杂志》中答话的那样模糊,而给我一个真切的明白的指引?"这是 1925 年 3 月 11 日许广平在写给鲁迅的第一封信里的问询。到 1926 年 11 月 15 日,热恋中的先生已经糊涂,写信问许广平借光了。"为我悲哀的大约只有两个,我的母亲和一个朋友(这里指许广平)。所以我常迟疑于此后所走的路:(一)、积几文钱,将来什么都不做,苦苦过活;(二)、再不顾自己,为人们做一点事,将来饿肚也不妨,也一任别人唾骂;(三)、再做一些事(被利用当然有时仍不免),倘同人排斥,为生存起见,我便不问什么都敢做,但不愿失了我的朋友。第二条我已行过两年多了,终于觉得太傻。前一条当先托庇于资本家,须熬。末一条则太险,也无把握(于生活)。所以实在难于下一决心,我也就想写信和我的朋友商议,给我一条光。"《小闲事》是一本恋爱的书,但又不是一本单纯写恋爱的书。书中的恋爱都隐蔽在巨大的黑山一般的时代背景中,像一道暗流,或者像石缝里萌芽的种子。有时候简直就是青苔,附着在政治、民主、革命、写作这些石头上,无法像小仲马笔下的《茶花女》、马尔克斯笔下的《霍乱时期的爱情》和杜拉斯笔下的《情人》那样,让爱情成为生命的主体。其间体现出的幽默、趣味、孩子气、宽容、性情都是人性的光束。著者在《后记：每一个知识分子都应该谈恋爱》中说，《小闲事》"以鲁迅先生和许广平先生的《两地书》为蓝本，打碎了，重新拼贴鲁迅的形象"。我倒是觉得未必是"打碎"，而是探寻、探究——探寻作为一个人的鲁迅的情感脉络。也不是拼贴——拼贴太简单了，是雕刻或者呈现，把虚假的凿掉，呈现出真实的部分。不久便会获得证明的是，《小闲事》对于读书界是一个贡献，为人们阅读鲁迅、了解鲁迅、还原鲁迅提供了便捷。它很快会改变我们对鲁迅固有的一些印象。它会告诉你，恋爱中的鲁迅是一个什么样的人，而这个人才是真实的。"这部刻摹'恋爱中的鲁迅'的书稿其实没有写什么高深的见解和新奇的史料考证。"著者在《后记》中说。这当然是谦辞。这本书对于鲁迅研究也必将会有它的贡献。它爆料之全面、确实、富有细节都是我这个"迅丝"闻所未闻的。至少之前是零碎的、分散的，而今在这里得到了归纳和解析。除了鲁许之恋这个主题外，就是在鲁迅与同事、同仁关系的探究方面，也是颇有贡献的，有的举证甚至可以让长期的存疑尘埃落定。鲁迅和孙伏园，和李秉中，和顾颉刚，特别是鲁迅和高长虹，每一举证都经得住历史的检验，因为这些举证本身也是历史。《小闲事》还是一本有温度的书。这温度不是来自书中的恋爱者，而是来自著者。著者可能是太爱恋爱中的先生了，书中的文字总是暖暖的，像是私下开了很多的窗户，让阳光照了进来。读《小闲事》，我会自然想到卡夫卡和菲利斯，想到他们两人的恋爱。采取的也是通信的方式，只是跨越的时间更长，结局相反——可以说是悲惨。他们是生活在同一个时代的两对人，两位女性的长相也颇为近似——都算不上美丽、性感佳人。不过，透过世俗的表面，对人性和自我做一个深层次的探究，卡夫卡要在鲁迅之上。鲁迅选择了过程，而卡夫卡只要了结局。

附录 / 之三

生活的鲁迅，或鲁迅以外的话题　　周令飞　赵　瑜
——赵瑜十问周令飞

赵瑜：令飞先生，你对比过你年轻时和鲁迅先生年轻时的照片吗？长得像吗？还有，在你成长的过程中，您的奶奶，也就是许广平先生，她老人家在世的时候有没有说过，你长得像不像鲁迅先生？

周令飞：我还真没注意呢。经你提起我对比了一下，觉得二十岁左右时是有些相像，但后来二十年我长期患胃病，人比较瘦，就相差很多。近十年我的胃病彻底好了，人胖了起来，外形轮廓渐渐相仿，就有很多人说我很像他了，还有，可能我的年龄也很接近当年的祖父。至于祖母，她是在我 15 岁时过世的，印象里她当面没谈起过。

赵瑜：许羡苏女士您熟悉吗，有没有听家人说起过她？因为台湾作家蔡登山在《鲁迅爱过的人》一书中，曾经将许羡苏女士"分配"给鲁迅先生，说她是鲁迅先生的"恋人"。不好意思，这不是八卦，因为鲁迅先生的史学已经被研究得近乎透明了，唯有许羡苏女士是一块模糊的领域。

周令飞：抱歉，我没见过许羡苏女士，如果没证据这事儿就不重要了，钻研它干嘛呢？留下点谜题其实也是挺好的。

赵瑜：鲁迅先生的照片一直保留了一些，除了后期的一些照片比如是梁得所拍的，或者是沙飞拍的，或者史沫莱特拍的，还有大量的照片摄影者不知道是谁，因为你本人早期曾是职业摄影师，对这个问题有过关注吗？想不想继续关注研究一下。

周令飞：照相馆呀！你仔细看看绝大多数都是照相馆拍的肖像照、集体照。因此都比较呆板，底片感光速度慢，笑容就有限了。有很多照相馆拍的照片配有卡纸，特别是到上海以后的那些，可以查得到出处，没有的就追不到摄影者了。现在太多老照片不知画中人，不知时间地点，就没了生命，因此我一直希望那些知名人士的后代赶快辨认一下注记一下手里的老照片，整理一下祖辈传下来的文献资料，政府文化部门更要出钱出力抢救，这些文化遗产太珍贵了，可比盖剧院展馆重要百倍。

赵瑜：鲁迅先生的遗产大多是"国有企业"，大家都知道的，鲁迅全集的版权建国后都捐献给人民文学出版社了，鲁迅博物馆、鲁迅故居这些遗迹通通和海婴先生以及你们这些孙辈的人无关。那么，我想具体地问一下，鲁迅先生除了精神上的遗产之外，鲁迅或者许广平先生给后人具体留下了什么物质的遗留？其实这些也是广大读者想知道的，您能说吗？

周令飞：祖父和祖母的遗物还有些许，应该大都是些较私人较生活的。父母都很节俭，什么都收着不肯丢，相信还会有些文物或文献的价值。除此之外，最重要的我们是同一血脉，有相同的 DNA，家族的纽带时刻在提醒着我们是他的子孙，有着维护、传承的责任。

赵瑜：鲁迅先生喜欢看电影，尤其是晚年的日记里，多次记录看电影的经历。这应该直接影响了许广平先生的，你有没有记忆，关于小时候奶奶领着你看电影的细节？海婴先生喜欢摄影，不知是不是得益于幼小时的电影熏陶，而你走上摄影的道路是不是与父亲的影响有关？

周令飞：我是祖母带大的，小学年龄时候她曾多次带我到政协礼堂看电影，片名记不住了，苏联的《驯虎记》？国产的《小铃铛》？父亲喜欢摄影的由头，在他的回忆录里有些描述，兴趣、条件都有关。我学会摄影，甚至暗房技术都是父亲手把手教出来的，特别是胶卷冲洗技术和照片印放技术。从在旁看，到打下手，再到渐渐能够独立完成，经过了很多年。想起我们夏天关在微弱红光的暗室里，穿着短裤背心几小时的奋战的情形，就像仍在昨天。我觉得兴趣和培养都很重要。

赵瑜：鲁迅先生生前骂过的很多人后来都到了台湾，比如梁实秋、林语堂、苏雪林等，您在台湾生活多年，和这些人的后人有联系没有？还有，鲁迅先生最好的朋友许寿裳的后人，你们交往还多吗？

周令飞：我在台北只见过梁实秋一次，其他人，包括后代几乎都没见过，将来有机会我很愿意会会，聊些零碎的记忆也会很有趣。

赵瑜：鲁迅先生的书法非常好，有很多出版社，比如人民文学出版社、作家出版社、中国青年出版社等，以及报纸的报头，比如《参考消息》、《文艺报》等，都是集鲁迅先生的字。关于鲁迅先生的字体，其实有很好的推广的方法，你有没有想法？我十分想推广鲁迅先生的字体，不如我们合作做这件事情吧？

周令飞：祖父的字自成一体，有风格和个性，我正准备出他的书法集，将来有机会可以聊聊，探讨探讨。

赵瑜：鲁迅先生的书早些年在台湾是禁书，现在应该好了，听说您的孩子对鲁迅并不熟悉，是这样吗？这应该和台湾长时间查禁鲁迅先生的书有关系吗？

周令飞：台湾中小学课本里没有鲁迅作品，因此长期以来台湾的学子不知道鲁迅，我的孩子也不例外，这是历史的原因。然而，两岸关系改善，网络信息畅通，鲁迅对中国文化的影响力，正在逐渐让台湾民众更多更客观地了解鲁迅，这种自然的接触我觉得特别好，我甚至有些羡慕。

赵瑜：您和周作人先生的后人联系多吗？能简单介绍一下周作人先生的后人以及周建人先生后人的情况吗？

周令飞：祖父有两个弟弟，周作人和周建人，人所共知祖父后来和大弟闹翻了不来往，我们和他的后代自然也就没有来往，只是间接地知道现在他们的第二代在家父去年去世后仅存周建人的小女儿周渠一人。此外，我知道第二代曾为了绍兴祖坟的事情有过分歧，不过已在前几年顺利解决相安无事了。总之，血浓于水，一家子毕竟还是一家子。

赵瑜：《小闲事：恋爱中的鲁迅》出版以后，引得不少在校的大学生的喜欢，有很多"很怕周树人"的中学生考入大学以后，翻到这本《小闲事》有大吃一惊的感叹。甚至有一些学生也模仿着鲁迅先生给女友一天写三封信。您作为鲁迅文化基金的发起人，以及鲁迅先生的长孙，对鲁迅先生的读者，尤其是年轻读者，想说些什么？

周令飞：鲁迅是立体的，3D的，试着去接近他吧，他对你的人生肯定会有帮助。不因他是我的祖父，因他是中国现代文化的活水源头。

（京）新登字083号

图书在版编目（CIP）数据

小闲事：恋爱中的鲁迅：增补本/赵瑜著. —11版.
—北京：中国青年出版社，2012.12
ISBN 978-7-5153-1090-9

Ⅰ.①小…　Ⅱ.①赵…　Ⅲ.①鲁迅(1881~1936)-生平事
迹　Ⅳ.①K828.5

中国版本图书馆CIP数据核字（2012）第229198号

责任编辑：董晓磊

＊

中国青年出版社 出版 发行

社址：北京东四十二条21号　邮政编码：100708
网址：www.cyp.com.cn
编辑部电话:(010)57350401　门市部电话:(010)57350370
三河市世纪兴源印刷有限公司印刷　新华书店经销

＊

880×1230　1/32　10.5印张　2插页　150千字
2012年12月北京第1版　2012年12月河北第1次印刷
印数:1-6000册　定价:36.00元
本图书如有印装质量问题,请凭购书发票与质检部联系调换
联系电话：(010)57350337